Roland Hardmeier

Nach wie viel BURN ist Mann OUT?

Der Autor

Dr. Roland Hardmeier, geboren im Oktober 1965, verheiratet mit Elisabeth Hardmeier-Gurtner, wohnhaft in Kloten bei Zürich (Schweiz). Berufslehre als Zimmermann, studierte ab 1988 am Seminar für biblische Theologie Beatenberg, erwarb 1991 das Cambridge First Certificate in Reading (England), machte danach von 1992–1994 den «Master of Arts» in biblischer Theologie (Akademie für Weltmission in Korntal, Deutschland, und Columbia International University in South Carolina, USA), und schließlich von 2002–2008 den «Master of Theology» und den «Doctor of Theology» an der Universität von Südafrika. Heute ist er promovierter Missionswissenschaftler.

Von 1995–2010 war Roland Hardmeier fünfzehn Jahre lang Pastor im Bund der Freien Evangelischen Gemeinden der Schweiz. Seit 2011 ist er als selbständiger Dozent, Referent, Autor und Berater tätig.

Möchten Sie mehr über den Autor erfahren?
Oder ihn für ein Referat buchen?

www.roland-hardmeier.ch

Roland Hardmeier

Nach wie viel BURN ist Mann OUT?

Erfahrungen eines Betroffenen

BRUNNEN
Verlag Basel · Giessen

Bibliografische Information der Deutschen Nationalbibliothek
Die Deutsche Nationalbibliothek verzeichnet diese Publikation in der Deutschen Nationalbibliografie; detaillierte bibliografische Daten sind im Internet über www.dnb.de abrufbar.

Umschlag: spoon design, Olaf Johannson, Langgöns
Foto Umschlag: MilousSK/Shutterstock.com
Satz: InnoSet AG, Justin Messmer, Basel
Druck: Aalexx, Großburgwedel
Printed in Germany

ISBN 978-3-7655-1257-5

Inhalt

Teil I
Das Ende

Ich fühle mich wie ein Baum, der Schatten wirft und keine Früchte trägt. Ich fürchte, dass die Zeit, in der ich mich befinde, unfruchtbare Zeit ist, die weder mir noch anderen etwas nützt. Ich bin am Ende meiner Kräfte und weiß nicht mehr, wie es ist, «einfach» zu leben.

1.
Am Ende der Kräfte
(Fensterplatz)

Da bin ich also. Ein gestrandeter Pfarrer und Dozent. Einer, der anderen half bis zum Umfallen – und jetzt selber dringend Hilfe braucht. Einer, der andere unterrichtete – und doch gar nichts mehr weiß. Ich bin ein Mann in der Mitte seines Lebens, aber es kommt mir wie das Ende vor.

Gott, wie sich das anfühlt!

Ich sitze in meinem Zimmer. Es ist gerade breit genug, dass ein Bett, ein Schrank und am Fenster ein Tisch Platz haben. Mein Zimmer befindet sich auf der dritten Etage von Trakt A der Klinik Gais, im schweizerischen Appenzell. Die Klinik führt eine kardiologische Abteilung. Hierher werden Herzpatienten nach ihrer Operation verlegt. Eine Abteilung für psychosomatische Rehabilitation haben sie auch. Behandelt werden Leiden wie Angststörungen, depressive Erkrankungen, körperliche Stressfolgezustände und Burnout.

Hier werde ich die nächsten Wochen verbringen. Ich bin da, weil ich nicht mehr kann. Ich bin völlig am Ende meiner Kräfte. Eigentlich schon lange bevor ich mich entschloss, hierherzukommen. Wäre da nicht Gott in meinem Leben, hätte ich das Gefühl, es sei Viertel nach zwölf. Na ja, wenn ich ehrlich bin, habe ich dieses Gefühl auch jetzt. Aber ich habe Hoffnung. Es ist die Hoffnung, dass Gott die Uhr zurückdrehen kann. Einfach so für mich. Vielleicht wird das ein frommer Wunsch bleiben. Mal sehen. Im Moment ist mir nur eines klar: Mich hat's voll erwischt!

Ich sitze am Tisch und schaue aus dem Fenster. Obwohl es bald Mitte Mai sein wird, ist es kalt. Für die nächsten Tage ist sogar Schnee angekündigt. In meinem Zimmer ist es still. Kein Laut dringt von außen herein. Ich blicke auf einen Berghang mit grünem Gras. Die Bauern haben das Heu noch nicht einbringen können, weil das Wetter schlecht war.

Links im Blickfeld meines Fensters stehen zwei Tannenbäume. Hinter ihnen befindet sich ein Stall oder ein Wohnhaus. Etwas weiter oben sehe ich ein altes Appenzeller Anwesen. Es hat weiße Fenster und eine vom Wetter dunkel gebräunte Holzfassade. Das Haus hat keine Zufahrt. Ab und an kommen Leute hinter den Tannen hervor und gehen durch die mit gelben Butterblümchen gespickte Wiese auf einem Trampelpfad zum Haus hinauf.

Hinter den beiden Gebäuden steigt die Wiese steil an, begrenzt wird sie durch einen Tannenwald. Oben auf dem Hügel steht ein Wohnhaus. Ich kann es erkennen, weil die beiden Laubbäume davor noch kaum Blätter getrieben haben. Der Frühling ist im Verzug. Von dort oben muss man eine herrliche Aussicht auf den Alpstein haben.

Am rechten Rand des Fensters sehe ich eine große Eiche, eine Lärche und zwei Tannen. Sie säumen einen schmalen Weg, der zu einem Wohnhaus führt, das außerhalb meines Blickfelds liegt. Ein Auto fährt den steilen Weg hinauf und verschwindet.

Direkt vor meinem Fenster schneidet ein Weg quer

durch die steile Wiese. Baumaterial liegt herum. Über mir wird gearbeitet. Der Trakt, den ich bewohne, bekommt eine zusätzliche Etage. Bauarbeiter gehen vor meinem Fenster hin und her, laden Material ab, das mit Lastwagen herangefahren wird, oder klettern das Gerüst hinauf.

Es ist 11.30 Uhr. Vor einer Stunde bin ich mit einem Freund angekommen. Auf der Fahrt führten wir wertvolle Gespräche über die Höhen und Tiefen des Lebens. Und wie es ist, wenn die Lichter ausgehen und du völlig am Ende bist. Nun ist er wieder auf dem Heimweg.

Ich bin allein und schaue aus dem Fenster. Ich habe die letzten fünfzehn Jahre als Pfarrer und Dozent zugebracht. Ich war für die Menschen da. Jetzt sind die Rollen vertauscht. Andere sind für mich da, weil ich am Ende bin. Darauf habe ich mich in den Wochen vor dem Klinikaufenthalt eingestellt. Der Leidensdruck war so groß, dass es mir nicht schwerfiel, mich einer Rehabilitation zu unterziehen.

Psychosomatische Rehabilitation – das klingt für manche wie Klapsmühle. In den Tagen bevor ich hierherkam, habe ich dieses Wort Freunden gegenüber öfter mal gebraucht. «Ich gehe in die Klapsmühle», scherzte ich. Natürlich meinte ich das nicht so. Jedenfalls nur ein bisschen. Aber die Sprache verrät mich. Ich muss mich erst noch an den Gedanken gewöhnen, ein Patient zu sein.

Später werde ich feststellen, dass ich mehr als eine Woche brauche, bis ich mir eingestehe und es auch ausspreche: «Ich bin krank. Ich habe ein Burnout.» Man sagt zwar, das Burnout, das Ausgebranntsein, sei keine Krankheit, aber der Zustand ist real. Brutal real sogar.

Um 12.00 Uhr gibt es Mittagessen. Mir bleiben noch einige Minuten Zeit. Davon werde ich in den nächsten Wochen viel haben.

In meinem Kopf beginnt es zu arbeiten. Ich bin eine Nummer. Meine Zimmernummer ist 315, ich esse am Tisch Nummer 31 und bin in die Leistungsgruppe Nummer 3 eingeteilt. Die schlimmsten Fälle landen in der Gruppe 5. Das sind die, die kaum mehr gehen können. Arme Kerle!

Es ist ein trüber Tag. Die Wolken hängen tief. Immer neue Staffeln werden an die Berge gedrückt. Nieselregen setzt ein. Das Wetter entspricht in etwa meiner Stimmung. Bevor ich zum Essen gehe, bete ich. Ich bitte Gott, dass er mein Zimmer mit seiner Gegenwart ausfüllen möge. Ich bitte ihn, dass dieser Ort mir zum Segen werde.

Das Essen ist sehr gut. Ich teile mit einem Herzpatienten einen Zweiertisch. Ich schätze ihn zehn Jahre älter als mich. Er ist stark übergewichtig und leidet sichtlich. Wenn er die beiden oberen Hemdknöpfe offen lässt, sieht man eine Narbe auf seiner Brust. Sie haben ihn aufgeschnitten. Von oben nach unten. Oder umgekehrt. Er gehört zu den Unglücklichen, die als Folge der Operation kaum noch sprechen können. Er muss immer wieder husten und sich heftig räuspern. Er mache logopädische Übungen auf dem Zimmer, wenn sein Zimmernachbar nicht da sei. Viel mehr als das und «guten Appetit» kann er nicht sagen.

Mir soll's recht sein. Ich mag nicht viel sprechen, bin in mich zurückgezogen. Gespräche ermüden mich. Wenn jemand spricht, bewegt sich sein Kopf. Ich folge mit meinem Blick den Gesten meines Gesprächspartners, schaue ihm in die Augen. Diese tanzenden Bewegungen lösen bei mir Schwindel aus. Früher ist mir gar nicht aufgefallen, dass man beim Reden den Kopf so stark bewegt. Jetzt kann ich nicht einmal ein längeres Gespräch führen, ohne dass mir schwindlig wird.

Mein Tischnachbar krächzt mir zu, dass er nicht wisse, ob er seine Stimme wiedergewinne.

Ich frage, wie er damit umgehe.

Er sagt: «Es kommt, wie es kommt.»

Ist er die Gelassenheit in Person? Oder hat er die Hoffnung aufgegeben?

Am Tisch nebenan sitzt eine zierliche Großmutter von 84 Jahren. Sie hatte einen Herzinfarkt und hat sich schon erstaunlich gut erholt. In ein paar Tagen wird sie entlassen. Sie sieht echt gesund aus. Sie sei in ihrem ganzen Leben nie ernsthaft krank gewesen, außer jetzt. Es ist eine Appenzellerin, die ganz in der Nähe wohnt. Die sind aus gesundem Holz geschnitzt.

Ich bin seit Jahren immer wieder beim Doktor. Das war schon als Kind so. Meine Geschwister schlugen mir vor, ich solle den Hausarzt fragen, ob ich Mengenrabatt kriege, weil ich so oft in die Sprechstunde musste. Das Leben ist ungerecht! Aber dann vergleiche ich mich mit meinem Tischgenossen, der nicht mehr sprechen kann, und ich bin wieder zufrieden. Zumindest ziemlich.

Ich esse still vor mich hin, mein Gegenüber auch. Wir vermeiden Blickkontakt. Wir können ja nicht miteinander reden. Es ist ungeschickt, sich dauernd anzugucken und nichts zu sagen. Und immer lächeln, wenn sich die Blicke treffen, geht irgendwie auch nicht. Niemand, der hier ist, hat viel zu lachen. Dennoch ist die Stimmung im Speisesaal gut. Ich bin fast ein wenig überrascht.

Meine Siebensachen sind ausgepackt und im Schrank verstaut. Ich weiß, wo ich in den nächsten Wochen esse und wo mein Postfach ist. Und das Essen war wirklich gut.

Ich mache eine halbe Stunde Mittagsschlaf. Vor einigen Jahren habe ich mir diese Gewohnheit zugelegt. Diese Gewohnheit behalte ich auch jetzt bei. Sie verlängert meine Tagesenergie um eine gute Stunde. Hätte ich mir das nicht angewöhnt, wäre ich vielleicht schon früher in der Klinik gelandet.

Nach dem Powernap gehe ich runter in den Aufenthaltsraum. Dort steht Kaffee bereit. Ich gieße mir ein wenig Kaffee und viel warme Milch ein und nehme die Tasse mit aufs Zimmer.

Der Blick aus dem Fenster ist immer noch derselbe. Trübe und verhangen ist der Tag. Ich schaue hinaus in die Weite, denn das beruhigt meine überreizten Sehnerven. Was immer es ist, es tut mir gut. Dazu schlürfe ich den Kaffee in kleinen Schlucken. Mir fällt auf, dass ich seit Jahren so müde bin, dass ich ohne Kaffee nach der Mittagspause nur mit Mühe auf die Beine komme. Früher trank ich gar keinen Kaffee. Dann einen am Morgen. Dann noch einen nach der Siesta. Und schließlich am späten Nachmittag noch einen, wenn mein Blutdruck fiel. Manchmal brauchte ich, um mich für die Arbeit am Abend fit zu halten, noch einen nach dem Abendessen. Ich musste meine Dosis steigern, was kein gutes Zeichen ist. Vielleicht ist es aber auch einfach nur Gewohnheit.

Die Sache mit den Backwaren und der Schokolade ist schon eher als Hinweis auf Überlastung zu sehen. Ich habe davon in den vergangenen Monaten mehr als üblich zu mir genommen. Etwas Feines aus der Bäckerei wirkt bei mir wie ein mildes Antidepressivum ohne Nebenwirkungen (außer dass es dick macht, ich weiß).

Mein Essverhalten ist auch ein Thema beim Nachmittagstermin mit der Ärztin. Ich bin zwar nur leicht übergewichtig, aber ich will die Rehabilitation trotzdem nutzen, um ein paar Kilo zu verlieren. Also lasse ich mich freiwillig auf Reduktion setzen. Nicht mehr als 1600 Kalorien pro Tag. Das gibt nicht eben viel auf dem Teller. Und keine Schokolade zwischendrin und nur noch zwei Mal täglich Kaffee. Es geht erstaunlich gut, stelle ich später fest.

Die Ärztin untersucht mich kurz und erklärt mich für gesund. Jedenfalls so, dass ich die Rehabilitation antreten kann. Mein nächster Termin ist bei einer Psychologin. Alle relevanten Probleme, Fragen und Entscheidungen sind mit ihr zu klären. Ich bin jetzt sozusagen nicht mehr selbständig. Wenn ich nach draußen gehe, muss ich mich abmelden. Will ich am Wochenende nach Hause fahren, brauche ich dazu ihre Einwilligung.

Früher hätte ich beträchtliche innere Konflikte mit dem Umstand gehabt, einen Psychologen zu brauchen. Ich wollte und ich konnte mein Leben selber meistern. Und ich hatte ja Gott, mit dem ich über Mauern springen konnte. Doch jetzt kann ich nicht mal mehr einen Kilometer laufen. Ich bin total kaputt.

Ich merke gerade, dass ich schon einige Male das Wort «früher» verwendet habe. Das scheint darauf hinzudeuten, dass ich meinen Aufenthalt in der Klinik als Einschnitt in mein Leben, der so manches verändern sollte, akzeptiert habe. Ich muss in gewisser Hinsicht anders raus, als ich reingekommen bin, sonst bin ich bald wieder am gesundheitlichen Tiefpunkt.

Ich will etwas verändern. Ich bin bereit, meinen Lebensentwurf, mein Lebenstempo und andere Dinge zu überdenken und wenn nötig zu ändern. Wenn nötig. Ich weiß noch nicht genau, was nötig ist. Oder vielleicht weiß ich es schon lange, nur habe ich es noch nie konsequent umgesetzt. Darum ist dieser Einschnitt nötig. Darum ist es gut, dass es ein Früher und ein Jetzt und irgendwann ein Morgen gibt.

Das Gespräch mit der Psychologin verläuft sehr angenehm. Ich fasse Vertrauen zu ihr und bin bereit, sie tief in mein Logbuch schauen zu lassen. Sie verschafft sich einen Überblick und stellt Fragen. Ich kann ihr präzise und gut reflektiert darlegen, warum ich hier bin und was mich dazu gebracht hat. Die knappe Stunde ist schnell vorbei.

Ich gehe zu den Postfächern runter und hole mir meinen Marschbefehl für den kommenden Tag. Danach ist Schluss für heute. Ich gehe früh zu Bett, nehme meine Schlaftabletten und schlummere bald ein.

Gegen 3.00 Uhr erwache ich. Der Patient im Nebenzimmer schnarcht. Ich kann es durch die Wand hören. Das Geräusch irritiert mich. Für den Rest der Nacht schlafe ich kaum noch.

2. Ein Jahr zuvor (Alptraum)

Wenn ich mich abends ins Bett lege, rücke ich drei Kissen zurecht, die meinen Oberkörper aufrichten. Ich kann mich seit einigen Jahren nicht mehr flach hinlegen. Sofortiger Schwindel ist die Folge. Ich verkrampfe mich und kann dann erst recht nicht schlafen.

Das Aufstehen am Morgen ist die schlimmste Zeit des Tages. Die Positionsänderung vom Liegen ins Sitzen und danach ins Stehen ist mit viel Mühe verbunden. Jeden neuen Tag wird mir erst mal so richtig übel. Mein Kopf kommt mir vor wie eine jener kleinen Halbkugeln aus Glas, die man als Souvenir kaufen kann. Schüttelt man sie, wirbelt die Flüssigkeit innen kleine Schneeflocken auf.

Ich kämpfe mich ins Badezimmer und wasche mein Gesicht mit kaltem Wasser. Danach frühstücke ich. Bis mein Kreislauf angeregt ist, wird mir bei jeder Bewegung schwindlig. Meinen Kopf vermag ich nur langsam zu drehen, immer schön vorsichtig, damit der «Schnee» nicht aufgewirbelt wird. Manchmal möchte ich am liebsten liegen bleiben.

Es ist exakt ein Jahr her, dass ich vor meine Gemeinde trat und sie über meinen Gesundheitszustand aufklärte. Seither ist es nicht besser, sondern schlechter geworden. Ich hoffte, es würde sich alles zum Besseren verändern, aber das Gegenteil trat ein. Die Szene steht mir noch lebhaft vor Augen. Ich stehe da und erzähle:

«Seit Jahren kämpfe ich mit Schwindel und Erschöpfung. Vor zwei Monaten habe ich eine neuerliche Schwindelattacke erlitten. Es fühlt sich an wie Übelkeit nach einer wilden Autofahrt. Es lässt sich auch vergleichen mit dem Empfinden, das sich einstellt, wenn man eine ganze Nacht durchgearbeitet hat. Ob es wie ein Kater ist, weiß ich nicht. Ich trinke nämlich nicht.

Dieses Schwindelgefühl begleitet mich 24 Stunden lang. Mal ist es stärker, mal schwächer. Aber ich werde es nicht los. Es saugt mir alle Kraft aus dem Körper. Dazu kommt seit vier Jahren ein Tinnitus im rechten Ohr. Tag und Nacht pfeift es. Noch so ein Begleiter. Vor allem nachts stört mich das Pfeifen. Lege ich mich hin, ist es, als würde ein Schalter in meinem Ohr auf ‹on› gestellt. Dann pfeift es laut, bis ich endlich einschlafen kann. Ich bin kaum noch in der Lage, meinen Pflichten als Pfarrer nachzukommen.»

Meine Bestandsaufnahme sieht folgendermaßen aus:

Die erste Schwindelattacke erlitt ich vor zehn Jahren. Seither sind sie periodisch wiedergekehrt und schlimmer geworden, die Erholungsphasen nehmen immer mehr Zeit in Anspruch. Der Schwindel wird zum alles bestimmenden Faktor. Er grenzt mein Leben zusehends ein, greift in meinen Alltag hinein. Ich bin nicht mehr in der Lage, schnelle Kopfbewegungen zu machen.

Wenn ich auf einem Zebrastreifen eine Straße überqueren will, bereitet mir das erhebliche Mühe. Ich kann den Kopf nur langsam nach der einen, dann nach der anderen

Seite wenden. Bin ich mit der zweiten Bewegung zu Ende, ist so viel Zeit vergangen, dass ich mir nicht sicher bin, ob auf der anderen Seite nicht bereits wieder ein Fahrzeug kommt. Ich meide belebte Straßen, überquere sie möglichst dort, wo weniger Verkehr ist.

Meine Reisekrankheit ist schlimmer geworden. Fliegen, Bus oder mit einem Schiff fahren kann ich gar nicht mehr. Wenn ich einen guten Tag erwische, schaffe ich es mit der Bahn bis nach Zürich. Nach der Fahrt, die fünfzehn Minuten dauert, erhole ich mich innerhalb einer halben Stunde. Erwische ich einen schlechten Tag, erhole ich mich nicht mehr. Es bleibt mir den ganzen Tag akut schwindlig. An Arbeiten ist dann kaum noch zu denken.

Ich bin müde. Das ist eine Untertreibung. Ich bin total erschöpft. Das ist die Wahrheit, die ich lange nicht wahrhaben wollte. Die Siesta reicht längst nicht mehr aus. Abends um 21.00 Uhr ist mein Akku völlig leer. Manchmal setzt plötzlicher Schwindel ein. Die rote Lampe leuchtet. Ich muss in Kürze zu Bett, sonst klappe ich zusammen.

Während des Tages lege ich mich am Morgen und am Nachmittag nochmals für eine halbe Stunde hin. Es fällt mir auf, dass ich schwer atme und die Luft ruckartig ausstoße.

Ich kann nicht mehr lesen. Das ist die Höchststrafe. Nichts tue ich lieber. Ich habe einen großen Wissensdurst, der selbst durch meinen akuten Erschöpfungszustand nicht ausgelöscht ist.

Seit vielen Monaten habe ich kein Buch mehr gelesen. Die Bewegungen der Augen verursachen sofort Schwindel. Ich kann keine Zeitung mehr lesen, kein Fußballspiel mehr im Fernsehen anschauen. Die schnellen Kameraschnitte überfordern mich völlig. E-Mails bearbeiten ist ein Krampf. Das Springen von einer Nachricht zur anderen und der Wechsel in andere Dateien und dann wieder zurück machen mich benommen. Nach einer Viertelstunde fühle ich mich so kaputt, als hätte ich zwölf Stunden am Stück gearbeitet.

Ich kann noch predigen. Vielleicht geht das, weil es mir viel Freude macht. Die Rückmeldungen der Gemeinde ermutigen mich. Ohne Predigen würde mir etwas fehlen. Ansonsten wird die Arbeit als Pfarrer immer mühsamer. Ich möchte meinen Dienst weiterführen, aber es wird zunehmend schwieriger. Immer wieder taucht der Gedanke auf, dass ich nicht mehr kann. Nach wie vor gelingt es mir zwar, meine Kräfte zu bündeln. Nach der Predigt bin ich aber völlig ausgepumpt.

Das Schlimmste sind die Gespräche nach dem Gottesdienst. Eigentlich fängt es schon damit an, wenn ich die Leute zu Beginn begrüße. Ich muss meinen Kopf hin und her drehen, sehe hier diesen, dort jenen, es wird mir schwindlig. Bei den Gesprächen nach dem Gottesdienst ist es dasselbe. Wieder diese Köpfe, die sich bewegen! Ich muss die Leute doch ansehen, wenn sie mit mir reden! Schließlich geht das nur noch für wenige Minuten.

Ich muss der Gemeinde erklären, dass ich mit einem Tunnelblick durch den Korridor gehen muss und nur die grüßen kann, die in meiner Blickrichtung liegen. Ich kann als Pfarrer die Leute nicht einfach unbeachtet lassen, das ist mir völlig klar. Aber es geht nicht anders.

Das war vor einem Jahr ...

Heute ist nach einer Woche Klinikaufenthalt endlich der Frühsommer gekommen. Sonnenschein. Wärme. Ich sitze nach dem Abendessen auf einer Bank vor dem Hauptgebäude, habe mein Notebook auf den Knien und lasse die kühle Abendluft um meinen Nacken streichen. Die Bauern haben das Heu eingebracht. Es duftet herrlich. Vor mir liegt der Alpstein im rosa Abendlicht.

Meine Frau Elisabeth war über das Wochenende zu Besuch. Wir genossen eine wunderbare Zeit miteinander. Und doch gelingt es mir nicht, mich richtig zu freuen. Irgendwie freue ich mich wahrscheinlich schon. Vielleicht finde ich den Ausblick und das Wetter auch nur schön. Meine Gefühlslage ist schwierig einzuordnen. Kein Wunder, ich weiß doch kaum noch, wer ich bin!

Mein rechtes Ohr pfeift wieder richtig laut. Ich sollte aufhören mit dem Schreiben. Der Schwindel wird stärker und dämpft alle anderen Empfindungen – auch die Freude. So ist es schon lange Zeit.

Noch etwas fällt mir ein, dann mache ich Schluss und gehe zu Bett. Ich frage mich, weshalb ich in meinem Zustand so lange weitergearbeitet habe. Warum predigt ein Pfarrer, bis er umfällt? Warum machen Männer solche Sachen?

Gute Frage. Ich muss mich ihr unbedingt stellen. Ich habe so meine Antworten darauf parat. Doch es beschleicht mich das Gefühl, dass ich noch nicht gründlich genug nachgedacht habe.

Ich habe einigermaßen gut geschlafen. Guter Schlaf ist die Basis für meine Gesundheit. Schlafe ich schlecht – was seit einem Jahr fast immer der Fall ist –, fehlt mir tagsüber die Energie. Mein Hausarzt verschrieb mir ein starkes Schlafmittel. Unterdessen hat die Wirkung nachgelassen. Mein Körper hat sich an die Substanz gewöhnt. Ich schlafe zwar gut ein, aber in der zweiten Nachthälfte erwache ich. In den letzten Monaten immer früher. Abhängig vom Medikament bin ich längst. Was soll's? Ich habe keine andere Wahl.

Der Klinikarzt hat mir zusätzlich einige Tropfen eines Antidepressivums verschrieben. Es wirkt. Das zusätzlich zu dem Antidepressivum, das ich seit einem halben Jahr zum Frühstück nehme. Eine Stunde, nachdem ich die erste Tablette genommen hatte, lag ich wie ein Embryo im Bett. Es war mir hundeelend. Eine halbe Stunde später musste ich mich erbrechen. Ich habe es trotzdem weiter genommen. Mein Magen hat sich daran gewöhnt.

Dafür bin ich sehr müde geworden. Meine Beine sind wie aus Blei. So, als ob die Anziehungskraft der Erde unter mir stärker geworden wäre. Ich bin froh, dass sich meine Schlafqualität stabilisiert hat, wenn auch auf sehr tiefem Niveau.

Zumindest sind die Alpträume weg, seit ich die Tropfen noch dazunehme. Vorher hatte ich gegen Morgen wilde Träume. Wenn ich die Vögel draußen pfeifen hörte und die Dämmerung einsetzte, verfiel ich in unruhigen Halbschlaf. Ich träumte, ich wäre gezwungen, Bus und Schiff zu fahren. Es würde mir übel. Und wenn ich dann gegen 8.00 Uhr aufstand, schleppte ich die Übelkeit in den Morgen hinein.

Die wildesten Dinge passierten in meinen Träumen. Etwa diese: Mein Bruder versteckte Geld unter einem Gullydeckel, damit er heimlich ins Kino konnte, weil seine Frau ihn nicht gehen lassen wollte. Oder ich war zu Geburtstagen bei völlig fremden Leuten eingeladen, inklusive aller Peinlichkeiten, die man sich vorstellen kann. Oder ich war wütend. Ich war enttäuscht. Ich suchte eine Toilette und fand keine. Und ich habe in meinen Alpträumen schon einige Menschen umgebracht.

Mein Leben ist selbst zu einem Alptraum geworden. Nicht von der schlimmsten Sorte. Aber ich habe das Geschehen nicht mehr im Griff, so wie in einem Alptraum eben. Mein Leben ist noch intakt. Das verdanke ich einerseits dem Umstand, dass ich bis jetzt nicht in eine tiefe Depression gestürzt bin. Innerlich geht es mir erstaunlich gut, obschon alles wie gedämpft wirkt. Andererseits verdanke ich meine Stabilität meiner Frau. Wir feiern in diesem Jahr unsere silberne Hochzeit. Wir sind glücklich miteinander. Wenn ich wählen müsste zwischen meinem Zustand und einer kaputten Beziehung – ich würde lieber krank sein, als dass unsere Ehe in die Brüche geht.

Komisch, dass ich solche Vergleiche anstelle.

Dass es unserer Ehe gut geht, ist ein Hauptgrund, weshalb ich das Gefühl habe, mein Leben sei noch intakt. Es hat mir gutgetan, dass Elisabeth mich am Wochenende besucht hat. Jetzt ist sie wieder weg. Gerade jetzt unterrichtet sie ihre zweite Morgenlektion in der musikalischen Grundschule. Ich vermisse sie.

Wahrscheinlich vermisst sie mich mehr als ich sie. Mein Platz zu Hause ist leer. Ich hingegen bin in ein Programm eingespannt, das zu meiner Rehabilitation dient. In einer Stunde habe ich den ersten Termin. Genauer gesagt, wäre es der zweite. Den ersten habe ich sausen lassen: eine Sitzmeditation, um entspannt in den Tag zu gehen. Sie findet vor dem Frühstück statt. Das schaffe ich nicht.

Als meine Frau am Wochenende kam, brachte sie mir meine Tagebücher mit. Seit fünfzehn Jahren schreibe ich Tagebuch. Ich spreche darin mit mir selbst und mit Gott. Ich vertraue darauf, dass Gott mit mir einen Dialog führt, wenn ich den Füllfederhalter über das Papier führe. Ich schreibe vor allem, wenn es mir schlecht geht. Wenn es viel zu verarbeiten, zu klagen oder zu überlegen gibt, dann drängt es mich zum Schreiben. Ich gebrauche linierte Hefte, die man in jedem Schreibwarengeschäft kaufen kann.

Ein Dutzend dieser Hefte liegt vor mir. Gestern habe ich darin geblättert. Es ist mir aufgefallen, dass ich mir schon etliche Male vorgenommen habe, weniger zu arbeiten. Offenbar ohne Erfolg. Sonst wäre ich nicht in einer Klinik.

Vor einem Jahr verbrachte ich einige Tage im Tessin. Ich wollte mich erholen und über meine Arbeit nachdenken. Es waren wunderbare Frühsommertage. Ich frühstückte unter Palmen und spazierte in der Gegend herum. Ich habe die Angewohnheit, meinen Tagebüchern Titel zu geben. Damals begann ich gerade ein neues. Ich gab ihm den Titel: «Wozu du mir Kraft gibst».

Ich schrieb an Gott: «Dein Sohn ist sehr müde. Ich brauche dir nicht zu sagen, wie müde ich bin und wie notwendig Erholung in diesen Tagen ist. Ich habe mich letzte Woche unter dem Eindruck schwerer gesundheitlicher

Probleme entschieden, nur noch mein normales Arbeitspensum zu leisten und meine Grenzen zu akzeptieren – einmal mehr, aber dieses Mal muss es endgültig sein. Ich will das tun, wozu du mir Kraft gibst, nicht weniger, aber eben auch nicht mehr.»

Wenn ich diese Zeilen lese, frage ich mich, ob ich ein Hornochse bin. Ich habe es nicht geschafft. Ich habe auch nach diesem «endgültigen» Entscheid zu viel gearbeitet. Ich kann meinem Tagebuch außerdem entnehmen, dass ich nur noch ein Mal täglich meine E-Mails abrufen wollte. Habe ich nicht gepackt, obwohl E-Mails mich nerven und ermüden. Ich nahm mir auch vor, regelmäßig Pausen einzulegen und die Arbeit zu unterbrechen, wenn der Schwindel zu stark wird. Ich wollte die Schwindelzone möglichst vermeiden. Fakt ist: Ich bin zu oft zu lange drinnen geblieben.

Bin ich so dumm wie einer, der seine Hände auf eine heiße Herdplatte legt – und das immer wieder? Einfach noch «ein wenig» länger dranbleiben, weil ich dieses oder jenes noch fertig machen wollte. Ich bin wie ein Esssüchtiger, der noch «ein bisschen» mehr nimmt, obwohl er sich vorgenommen hat, nicht zu viel zu essen.

Ich habe das Wort «süchtig» bisher vermieden. Ich bin nicht süchtig, ich arbeite einfach gerne. Wenn ich mir allerdings zu Gemüte führe, dass ich seit Jahren versuche, weniger zu arbeiten, zu lesen, zu schreiben und zu unterrichten, frage ich mich, ob ich nicht doch süchtig bin.

Die Bauarbeiter haben ihr Projekt in Angriff genommen. Drei Stockwerke über mir wird gebohrt und gehämmert.

Die Wände übertragen den Lärm. Es nervt. In Gedanken bin ich immer noch im letzten Jahr stecken geblieben. Das ist gut so. Ich muss mir unbedingt darüber klar werden, wie ich an den Punkt gekommen bin, an dem ich mich heute befinde.

Ich habe schon sehr viel über mein Leben nachgedacht. Einmal mehr kommt der Gedanke auf, dass ich es noch gründlicher tun muss. Irgendetwas hält sich in mir versteckt, das mich andauernd meine gesundheitlichen Möglichkeiten überfordern lässt. Es wäre so leicht: «Einfach weniger machen!» Wenn das so easy wäre!

Vor einem Jahr habe ich den Hausarzt gewechselt. Wir kennen uns persönlich, und ich schätze ihn als Fachmann, als Mensch und als Christ. Er nahm sich ausführlich Zeit, meine Geschichte anzuhören und meine Lebensweise kennenzulernen. Er sagte mir, dass er meinen Gesundheitszustand als Folge anhaltender Überarbeitung betrachte. Meine Schwindelattacken würden wie ein Migräneanfall funktionieren. Das vegetative Nervensystem ziehe die Notbremse, um einen völligen Zusammenbruch zu vermeiden. Meine Schlafstörungen, der permanente Schwindel und der Tinnitus seien typische Begleiterscheinungen von Stress und Überarbeitung.

Ich erzählte ihm, dass ich seit fünfzehn Jahren Schmerzen in den Hoden habe und dass sich das Organ zurückgebildet hätte. Ich bin seit fünfzehn Jahren nicht mehr Fahrrad gefahren. Es ist zu schmerzhaft. Damals wurde eine chronische Entzündung der Nebenhoden diagnostiziert. Ich ließ sie auf Anraten eines Urologen herausoperieren. Gebracht hat es nichts. Die Schmerzen sind jeden Tag da. Ich habe mich daran gewöhnt.

Mein Hausarzt sagte mir, dass dieser Befund ebenfalls auf Überarbeitung zurückzuführen sein könnte. Da wurde es mir ungemütlich. Der Stress hatte also meine Organe angegriffen.

Mein Hausarzt schrieb mich für die nächsten drei Monate zur Hälfte krank. Ich versuchte, mich daran zu halten. Meistens gelang es mir. Ich gab die Leitung unserer Gemeinde ab. Stefan und Anna, zwei gute Freunde und Gemeindeälteste, übernahmen die Gesamtleitung. Sie machten ihren Job sehr gut. Das entlastete mich spürbar. Aber es war schon zu spät. Ich erholte mich nicht mehr. Die nächsten fünf Monate schleppte ich mich in einem nochmals reduzierten Pensum vorwärts. Die Motivation war noch da. Eigentlich erstaunlich. Wahrscheinlich verschleierte sie meinen wahren Zustand.

Dann erlitt ich eine erneute Schwindelattacke. Ich konnte nicht mehr aufstehen, nicht einmal meinen Blick kontrollieren. Schaute ich von meinem Bett aus einen Punkt an der Wand an, konnte ich ihn nicht fixieren. Eine Nachbarin brachte mir das Frühstück ans Bett, weil ich nicht aufstehen konnte und Elisabeth bereits auf dem Weg zur Schule war.

Ich lag zwei Tage lang fast nur auf der linken Seite. Drehte ich mich auf die rechte Seite, wurde es mir augenblicklich speiübel. Wenn ich auf die Toilette musste, kroch ich rückwärts aus dem Bett, damit ich mich nicht auf die rechte Seite drehen musste. Nach dem Urinieren war ich völlig erschöpft.

Zwei Tage später konnte ich wieder aufstehen, funktionierte aber nur noch im Kriechgang. Jeder Tag wurde zum Überlebenskampf.

Ich gab nun alle Aufgaben ab. Von da an war ich vollständig und auf unbestimmte Zeit krankgeschrieben. Ich war am Ende. Ich war reif für die Klinik.

3.
Erste Anzeichen
(Scuol)

Das Stöbern in meinen Tagebüchern stachelt mich geradezu an, der Sache auf den Grund zu gehen. Im Rückblick ist man ja oft gescheiter. Ich muss mich intensiv mit meiner Art zu leben und zu arbeiten auseinandersetzen. Ich will wissen, warum es so weit gekommen ist. Wenn ich weiß, was falsch gelaufen ist, kann ich etwas dagegen unternehmen.

Ich sitze wieder am Fenster. Die Maisonne scheint hell. Es ist warm geworden. Ich muss den Rollladen etwas herunterlassen, damit die Sonne mich nicht blendet. Da sitze ich an einem wunderbaren Frühsommertag hinter heruntergelassenen Rollläden und blicke nach draußen. Irgendwie passt das zu meinem Zustand. Ich brauche Ruhe, brauche den Rückzug ins Schneckenhaus. Wahrscheinlich brauche ich es, damit ich mich ganz auf mein Problem konzentrieren kann.

Das Fenster ist einen Spaltbreit offen. Ich höre eine Amsel. Sie singt ihre wunderschönen Variationen. Ein Lastwagen fährt vor. Baumaterial wird keine zwanzig Meter vor dem Fenster abgeladen.

Beim Stöbern in den Tagebüchern blättere ich zehn Jahre zurück und stoße auf den Tag, an dem meine Misere fassbar wurde, so dass ich intuitiv wusste: Irgendetwas stimmt mit mir nicht.

20. Januar 2001: Ich sitze am Computer in meinem Büro. Ein ganz gewöhnlicher Tag mit alltäglicher Arbeit. Plötzlich geht ein Impuls durch meinen Kopf, so als hätte ich einen leichten Stromstoß versetzt bekommen. Von einer Sekunde auf die andere wird mir schlecht. Ich muss den Blick vom Bildschirm nehmen. Mir wird schwindlig. Ich versuche, weiterzuarbeiten, aber schon nach wenigen Minuten ist klar, dass das nicht geht. Ich breche ab und lege mich im Wohnzimmer aufs Sofa. Ich fühle mich erschöpft. Erst eine Stunde später kann ich wieder aufstehen. Meine Beine sind irgendwie wackelig. Ich fühle mich hilflos.

«Ich hatte Angst heute Morgen», steht in meinem Tagebucheintrag.

Der Gedanke, dass dieses rätselhafte Symptom das rote Warnlämpchen auf dem Armaturenbrett sein könnte, kam mir damals nicht. Denn dieser Schwindel hatte Gründe: Ich hatte als Teenager einen Sportunfall, bei dem ich mir das Felsenbein brach. Ich ließ mir sagen, dass dies der stärkste Knochen des menschlichen Körpers sei. Es ist der Knochen, der sich hinter dem Ohr leicht wölbt. Darin eingebettet ist das Innenohr mit dem Gleichgewichtsorgan. Ich war mit dem Hinterkopf auf den Turnhallenboden geknallt und sofort bewusstlos. Danach konnte ich nicht mehr selber gehen. Nach einer längeren Erholungszeit mit Krankenhausaufenthalt wurde ich wieder gesund.

Einige Jahre später setzten Probleme mit Schwindel ein. Wenn ich mich schnell bewegte oder reiste, wurde es mir akut übel. Eine Untersuchung beim Spezialisten ergab, dass mein rechtes Gleichgewichtsorgan beschädigt war.

Tests legten die Vermutung nahe, dass es seine Funktion allmählich verlor.

Als am besagten Morgen dieses rätselhafte Symptom auftauchte und ich danach weitere Schwindelattacken erlitt, führte ich es folglich auf mein defektes Gleichgewichtsorgan zurück.

Zehn Jahre später, kurz vor meinem Eintritt in die Klinik, unterzog ich mich am Universitätsspital Zürich nochmals ausführlichen Tests. Das Resultat überraschte mich: Nicht alle Funktionen meiner Gleichgewichtsorgane seien optimal, doch aufs Ganze gesehen seien sie funktionstüchtig. Ich wurde für gesund erklärt. Mehr als eine Übersensibilität meines Gleichgewichtssystems sei nicht auszumachen.

Da habe ich den Salat. Ich bin gesund, aber ich bin krank. Woran liegt mein Zustand also? Ich blättere in meinem Tagebuch zum 20. Januar 2001 zurück und stelle fest, dass der Schwindelattacke eine starke Belastungszeit vorausging.

Im Herbst des Vorjahres war unserer Gemeinde das Geld ausgegangen. Der Finanzstand war tief im Minus. Dafür fühlte ich mich persönlich verantwortlich: Würde ich besser predigen, wären ja genug Leute da, die mithelfen, die laufenden Kosten zu begleichen! …

Ich schaute mich nach einer neuen Stelle um, weil ich mit der Kündigung rechnen musste. Sie hätte mich sehr geschmerzt, denn ich liebe meine Gemeinde. Ich fragte mich, ob mein Dienst Gott nicht gefällt. War es ein Zeichen Gottes, dass mit mir etwas nicht stimmte? War *ich* das Problem?

Im Rückblick stelle ich fest, dass ich zu viel Verantwortung auf mich genommen habe. Ich gab mir selbst die Schuld, wenn es nicht gut lief. Ich schrieb damals in mein Tagebuch: «Meine Seele ist unruhig, meine Gedanken gleichen aufgewühlten Meereswogen. Mein Herz ist verzagt, dann wieder voll Glauben.»

Ich bin sehr selbstkritisch. Wahrscheinlich war mein bisheriges Schaffen zu sehr mein eigenes und weniger Gottes Werk gewesen. Ich bekannte es Gott. Und in einer Predigt entschuldigte ich mich auch bei der Gemeinde dafür. Danach fühlte ich mehr Gelassenheit als vorher. Jetzt hingegen frage ich mich, ob ich damals nicht zu selbstkritisch war, ob ich nicht zu viel Last auf mich nahm. Wahrscheinlich schon.

Es pfeift in meinem rechten Ohr. Ich höre es auf einmal sehr laut, obwohl durch das geöffnete Fenster Baulärm dringt. Ich muss aufhören. Das Schreiben ermüdet mich.

Heute ist nicht mein «Milk and toast and honey»-Tag. Ich habe wieder schlecht geschlafen. Um 3.00 Uhr bin ich aufgewacht und konnte danach nicht mehr richtig schlafen. Entsprechend müde bin ich heute Morgen. Ich stelle fest, dass ich stark mit meinem Schlaf beschäftigt bin. Habe ich gut geschlafen? Gibt es Anzeichen, dass es besser wird? Wie kann ich meine Schlafhygiene verbessern?

Wieder kommt mir das Wort «früher» in den Sinn. Früher habe ich die Einschlafzeit dazu benutzt, meiner Kreativität freien Lauf zu lassen. Mir sind Gedichte in den Sinn gekommen. Ich habe halbe Bücher in meinem Geist geschrieben. Ich liebte diese Zeit, in der ich meine Gedanken schweifen lassen konnte.

Gut war das nicht. Etwa so gesund, wie wenn man mit

nassen Kleidern zu Bett geht. Denn: Ich konnte meine Gedanken nicht mehr stoppen und habe jeweils lange wach gelegen. Mein Gehirn gewöhnte sich daran. Wenn Roland sich schlafen legt, kommt die Zeit der Luftschlösser, und sein Hirn beginnt zu arbeiten. Das nennt man schlechte Schlafhygiene.

Früher – das ist erst ein oder zwei Monate her. Jetzt bemühe ich mich um eine gute Schlafhygiene, und erste Erfolge zeigen sich. Wenn die kreativen Gedanken kommen, verweile ich kurze Zeit mit ihnen – vielleicht fünf oder zehn Sekunden, dann lasse ich sie vorbeiziehen. Es gibt Leute, denen das Bild von am Himmel vorbeiziehenden Wolken hilft. Sie stellen sich vor, die Wolken zögen weiter und mit ihnen die Gedanken.

Bei mir hat sich das Bild einer Schafherde eingestellt. Wenn ich einen Gedanken kurz gehätschelt habe, denke ich an eine Schafherde, die an mir vorbeiläuft. Sie verschwindet jeweils am rechten Blickrand meines inneren Auges hinter einem Hügel. Dieses Bild bleibt für zwei oder drei Sekunden «eingeblendet», dann verschwindet es. Ich weiß nicht, woher diese Vorstellung stammt. Aber ich mag es, und es wirkt. Mit meiner ganz persönlichen Art von Schäfchen-Zählen kann ich meine Gedanken loslassen.

Auch die Technik der progressiven Muskelentspannung hilft mir. Es ist eine einfache und ideologiefreie Entspannungstechnik. Das geht so: Wenn ich mich ins Bett gelegt habe und bequem liege, balle ich meine Hände für etwa zwanzig Sekunden zu Fäusten. Meine Muskeln in den Händen und den Unterarmen sind angespannt. Ich konzentriere mich auf die Anspannung. Sie ist da, weil ich sie will. Dann löse ich auf ein inneres Kommando die Anspannung. Die Muskeln entspannen sich. Das wiederhole ich in Abständen von einer halben Minute noch zwei Mal. Mit jedem Mal wird die Entspannung tiefer. Sie breitet sich über die Arme auf den ganzen Körper aus. Mit ein bisschen Übung geht das ganz gut.

Damit entspanne ich mich nicht nur. Ich gebe mit diesem Ritual meinem Gehirn auch das Signal, dass jetzt Schlafenszeit ist. Manchmal würde ich mich am liebsten ins Bett werfen und sofort einschlafen. Oder mich wie unsere Katzen zusammenrollen. Die finden es überall bequem. Bei mir aber wird sogar das Schlafen zur Arbeit. Es muss sein, sonst kriege ich den Schlaf nicht in den Griff. Ich hoffe, dass sich bald anhaltender Erfolg einstellt.

Erneut kommt mir meine Schwindelattacke vom 20. Januar 2001 in den Sinn. Ich will der Sache auf den Grund gehen und stelle fest: Der Attacke ging nicht nur eine aufreibende Zeit als Pfarrer voraus. Ich las auch enorm viel. Oft, bis meine Augen brannten und mein Kopf brummte. Ich hatte kurz vorher das Thema «soziale Gerechtigkeit» entdeckt. Es war Neuland für mich, und es elektrisierte mich. Ich las alles, was mir dazu in die Hände kam, und entwickelte mich zu einem Experten auf dem Gebiet.

In den folgenden Jahren war es eines meiner bestimmenden Themen. Ich stand unter dem starken Eindruck, dieser Leitgedanke würde mein Leben und das meiner Frau für immer verändern.

«Für immer» ist ein starker Ausdruck, aber genau so geschah es. Im Jahr 2002 reduzierte ich meine Anstellung als Pfarrer auf achtzig Prozent. (Unnötig zu sagen, dass ich immer noch mehr als hundert Prozent arbeitete.) Die theoretisch frei gewordene Zeit widmete ich dem Doktoratsstudium. Im Jahr 2008 promovierte ich an der Universität von Südafrika zu einem Thema der sozialen Gerechtigkeit.

Neben dem Studium gab es noch andere Themen, die mich brennend interessierten. Ich schrieb neben meiner Arbeit als leitender Pfarrer und dem Doktoratsstudium mein erstes Buch, das 2005 auf den Markt kam. Es befasste sich mit der Zukunftserwartung der Bibel und ist satte 500 Seiten dick. Ich arbeitete zehn Jahre daran. Meistens in meinen Ferien.

Ich erinnere mich, wie ich in Südtirol in einer kleinen Pension am Pool sitze. Auf dem wuchtigen Gartentisch aus Holz liegt die Erstfassung des besagten Buches. Umgeben von Obstplantagen und Weingärten. Ich lese, korrigiere, formuliere neu, schreibe ganze Abschnitte um. Ferientag um Ferientag um Ferientag. Zwischendrin springe ich in den Pool. Die spinnen, die Römer.

Dann ging es zurück an die Arbeit als Pfarrer. Ab und zu legte ich einen oder zwei Studientage ein. Aus dieser Zeit stoße ich in meinen Tagebüchern auf die Notiz: «Wie gut zwei Tage Studium bzw. frei doch tun!»

Ich liebe es, wie schon gesagt, zu studieren, zu lesen, Neues zu lernen. Alles, was ich lerne, kann ich für meine Tätigkeit als theologischer Dozent gut gebrauchen. Ich unterrichte an drei theologischen Institutionen. Seit letztem Jahr begleite ich Studierende beim Verfassen ihrer Masterarbeit. Das alles nebenbei.

Mit dem Abstand, der mir in der Klinik aufgezwungen

wird, wirkt meine Betriebsamkeit grotesk. Ich kriege keine Anrufe. Ich habe keine Arbeit zu erledigen. Ich lese keine E-Mails. Ich habe eine automatische Meldung auf dem Server hinterlassen, die darüber informiert, dass alle eingehende Post ungelesen gelöscht wird. Ein erstes Anzeichen von Vernunft.

Wenn ich mein aus «pfarrealer» Tätigkeit, Studium, Schriftstellerei und Dozententätigkeit bestehendes Pensum überdenke, wird mir fast schlecht. Warum habe ich das alles gemacht? Darüber werde ich noch ausführlich nachdenken müssen. Das wird zu meinem Neustart in ein Leben mit vernünftigem Arbeitsmaß gehören.

Im Rückblick wundert es mich nicht, dass der Tag kam, an dem ich gegen die Mauer lief. Es war der Tag, an dem mein Gehirn, mein sensibles Gleichgewichtsorgan oder beides zusammen in unbefristeten Streik traten. Fortan war mir periodisch schwindlig, die Ermüdungszustände nahmen zu. Dennoch dauerte es zwei Jahre, bis mir die Einsicht dämmerte, so könne es nicht weitergehen.

In jenem Winter verbrachten wir unsere Ferien in Scoul im schönen Unterengadin. Wir logierten in einem Engadinerhaus im alten Dorfkern. Dieser hatte etwas Beruhigendes an sich. Fast so, als wäre dort, fernab von Hektik und Stress, die Zeit stehen geblieben. Die weißen, nach unten dicker werdenden Mauern der Häuser mit den tiefliegenden Fenstern strahlten Gelassenheit aus. Die Gegend ist wild und schroff. Aus den bewaldeten Hügeln ragen majestätische Berge hervor. So unvermittelt, dass sie mich an Obelix erinnerten. Es ist, als hätte er mächtige Hinkelsteine auf die Wälder gesetzt.

Meine intensive Belastung der vergangenen Wochen und Monate holte mich in den Ferien ein. Wir kamen am Dienstagmittag an und gingen für den Rest des Tages Skilaufen auf die Motta Naluns. Die Gegend war herrlich. Der in der Sonne glitzernde Schnee einfach wohltuend.

Gegen Abend entzündete sich ein Nerv in meinem Rücken. In der Nacht schlief ich nicht gut. Die kleinste Bewegung schmerzte. Es war, als würde man mir mit einem Messer in den Rücken stechen. Ich konnte die Beine kaum anheben. Wenn ich mich im Bett drehte, machte mich der Schmerz hellwach. Am Morgen brauchte ich lange, bis ich es schaffte, mich überhaupt an den Bettrand zu setzen. Ich musste zum Arzt, bekam Tabletten, der Schmerz ließ etwas nach. Die Ferien waren im Eimer. Mein Körper reagierte auf die intensive Belastung und das viele Sitzen.

Ich stöbere immer noch in meinen Tagebüchern. Im Eintrag vom 3. März 2003 entdecke ich eine interessante Notiz: «Gestern Abend beim Lesen war es, als ob mir der Heilige Geist ganz still, aber mit Nachdruck klarmachen wollte, dass die Ursache der Störung des Gleichgewichtsorgans in Überarbeitung liegt.»

Ich hatte in den zurückliegenden Monaten einige Male meinen freien Tag für das Studium benutzt. Der Ruhetag ist mir heilig. Ich bin enttäuscht über meine Inkonsequenz. Langsam wird mir klar, dass ich wirklich zu viel arbeite.

In der Klinik durchforste ich meine Tagebücher nach Mustern. Wann arbeite ich viel? Wann kommen gesundheitliche Rückschläge?

Beim Eintrag vom 3. März desselben Jahres entdecke ich ein Muster. Meine Attacken ereignen sich im Winter. Ich schrieb: «Über die Festtage arbeitete ich intensiv an der Weiterbildung, und ein paar Tage vor oder nach der Fertigstellung der dritten schriftlichen Prüfung hatte ich die Schwindelattacke.»

Das war am 15. Januar gewesen. Nun wird mir klar, weshalb es dieses Muster gibt. Das Jahresende ist eine intensive Zeit. Den ganzen Dezember hindurch ist Hochbetrieb in der Gemeinde. Der Jahresplan muss fertig gestellt, Flyer müssen gedruckt und besondere Anlässe durchgeführt werden. Zudem schreibe ich der Gemeinde einen Neujahrsbrief und meinen engsten Mitarbeitern persönliche Dankesworte. Ich bin jeweils heilfroh, wenn die Arbeit geschafft ist und die Briefe kurz vor Weihnachten auf der Post sind.

Dann kommt die schönste Zeit des Jahres. Das Lebenstempo verlangsamt sich. Die Arbeit ist für die nächsten zwei Wochen erledigt – außer, dass ich für den ersten Sonntag im Januar die Predigt vorbereiten muss. Dann habe ich Zeit für mich. Und das bedeutet: lesen, an einem meiner Buchprojekte arbeiten, an der Dissertation weiterbaggern.

Nach der Pflicht kommt die Kür. Ich nutze meine freie Zeit und stille meinen Wissensdurst. Das Gelernte halte ich auf Karteikarten fest, ergänze Texte in meiner Dissertation oder schreibe den nächsten Abschnitt und bereite Unterrichtseinheiten vor. Bis zum Abschluss der Dissertation habe ich an die 100.000 Seiten gelesen, das Literaturverzeichnis ist 25 Seiten dick, geschrieben habe ich 300 Seiten.

Nach meinem Empfinden habe ich freie Zeit und bringe Abwechslung in meinen Arbeitsalltag. Und damit liege ich völlig falsch. Das wird mir erst hier so richtig bewusst. Ich meine, Freizeit zu haben und einen Ausgleich zu schaffen. Aber mein Körper unterscheidet nicht zwischen Predigten vorbereiten, Gespräche führen und Sitzungen leiten einerseits und theologischen Recherchen durchführen, Bücher lesen und Dissertation verfassen andererseits. Es ist *alles* Arbeit für meinen Körper.

Das eine ist Stress, der durch Belastung, Zeitdruck und Erwartungen ausgelöst wird. Das andere ist Stress, der durch positive Anspannung und ein hohes Arbeitstempo ausgelöst wird.

Aber Stress ist Stress. Und der ist ungesund. So ungesund, dass man davon ernsthaft krank werden kann. Medizinisch gesehen, fallen sowohl eine hohe Arbeitsbelastung im Büro als auch das Endspiel der Champions League im Fernsehen oder ein spannender Krimi einfach unter Stress.

Ich bezahle einen hohen Preis für meine Stresserei. Der hohe Stresslevel, den ich jahrelang aufrechterhalten habe, hat zu permanentem Schwindel, akuter Reisekrankheit, Erschöpfungszuständen, Kopfweh, schmerzhaften Verkrampfungen des Bewegungsapparates, periodischer Entzündung der Rückennerven, chronischer Entzündung der Nebenhoden, hormonellen Störungen, Hodenschwund, erhöhtem Cholesterinspiegel und auffälligen Leberwerten geführt. Was für eine Liste! ...

4.
Reif für die Klinik
(Postfach Nr. 315)

Kein Wunder, dass ich in der Klinik gelandet bin. Jede Schwindelattacke verlangt nach einer längeren Erholungszeit. Von der letzten, die ich vor mehr als einem Jahr erlitt, habe ich mich bis heute nicht erholt. Die Anfälle kamen für mich wie Blitze aus heiterem Himmel. Jetzt beginne ich ein Muster zu erkennen. Es wird mir erst durch die intensive Beschäftigung mit meinem Lebensrhythmus der vergangenen fünfzehn Jahre klar, welchen permanenten Belastungen ich mich ausgesetzt habe.

Nach der neuerlichen Schwindelattacke trat ich für ein paar Monate etwas kürzer. Dann ging auch das nicht mehr. Für das nächste halbe Jahr arbeitete ich dreißig Prozent – und war ständig am Limit. Manchmal buchstäblich fast bis zum Umfallen. Erstaunlicherweise hatte ich die Motivation für meine Arbeit nicht verloren, obwohl jeder Tag ein Kampf war.

Mein Zustand schien sich zu stabilisieren. Ich entschied, eine Vortragsreihe in Deutschland nicht abzublasen, für die ich ein Jahr zuvor zugesagt hatte. Ich hielt fünf Vorträge innerhalb von fünf Tagen durch. Es ging sogar erstaunlich gut. Kaum war ich wieder zu Hause, zeigte sich jedoch, dass ich die Grenzen meiner Belastbarkeit wieder einmal nicht gespürt hatte. In der zweiten

Nacht nach meiner Rückkehr erlitt ich eine heftige Schwindelattacke. Arbeiten am Computer, E-Mails abrufen, Zeitung lesen oder Fernsehen – all das war nun nicht mehr möglich.

Mein verschlechterter Zustand machte eine Medikamentenumstellung nötig. Dabei bekam ich schwere Entzugssymptome. Ich konnte kaum noch gehen, nicht einmal den Kopf gerade halten. Trotzdem machte ich kleine Spaziergänge. Irgendetwas muss man ja tun. Die Richtungswechsel im Treppenhaus musste ich stark verlangsamt vornehmen, da ich sonst umgefallen wäre.

Eine Nachbarin klingelte eines Abends spät bei uns. Sie sagte meiner Frau, sie hätte mich «wie in Trance» herumgehen sehen (ich war auf einem Abendspaziergang gewesen). Sie machte sich große Sorgen und fragte nach, was los sei und ob wir Hilfe brauchten.

Am fünften Tag nach der Umstellung brach ich nach einem kleinen Nachmittagsspaziergang physisch und psychisch zusammen. Ich legte mich hin und stand nicht wieder auf. Ich weinte nur noch.

Meine Frau rief den Hausarzt und die Gemeindeleitung. Der Hausarzt passte die Medikation an. Meine Freunde aus der Gemeindeleitung beteten für uns und versicherten mir, sie würden sich um alles in der Gemeinde kümmern.

Das war der Punkt, an dem ich meine noch verbliebene Verantwortung abgab. Fortan war ich vollständig arbeitsunfähig. Die Motivation zu arbeiten war wie weggeblasen. Einfach aus und weg. Ich konnte nicht mehr. Ich wollte nicht mehr. Ich war ein Fall für die Klinik. Es war, als hätte meine Seele auf Notstrom umgeschaltet. Alles zum Überleben nicht wirklich Notwendige erlosch in mir, und damit schien auch jegliche Lebensfreude aus mir herausgeschwemmt zu werden. Zurück blieb das dumpfe Gefühl, dass die Lichter nie mehr angehen.

Ich sitze wieder einmal am Fenster. Bald ist Abendbrot. Ich freue mich darauf. Der Appetit ist mir zum Glück nicht vergangen, außer in der Zeit, als mir das Antidepressivum auf den Magen schlug. Essen und Trinken hält Leib und Seele zusammen, sagt man. Stimmt völlig.

Die Abendsonne wird in wenigen Minuten hinter dem Hügel verschwinden. Wolken ziehen vorbei. Ich höre das unmelodische Krächzen der Krähen, die wild entschlossen ihr Revier verteidigen. Wenn man auf einem Spaziergang in ihre Nähe kommt, bleiben sie auf dem Feld oder im Baum sitzen, sofern man ihnen nicht näher als einen Steinwurf ist.

Ich habe es ausprobiert. Komme ich näher und bücke mich, als wollte ich einen Stein aufheben, fliegen sie davon. Bin ich nicht in Wurfweite und bücke mich dennoch, wie um einen Stein zu nehmen, bleiben sie sitzen. Die Kerle sind schlau. Ein Bauer hat mir das bestätigt. Die mögen die Krähen nicht, weil sie an den Mais gehen. Aber was schreibe ich hier für unwichtiges Zeugs?! Ich habe eben Zeit, mich mit solchen Dingen zu beschäftigen …

Es ist angenehm warm geworden. Gestern blickte ich während des Ergometer-Trainings aus dem Fenster und stellte fest, dass auch die Eichen Blätter treiben. Sie sind dieses Jahr sehr spät dran. Ich beobachte die Natur viel aufmerksamer als während meiner intensiven Geschäftigkeit. Ich bin nicht pausenlos auf Abruf und kann mir erlauben, mich ablenken zu lassen. Ich kann auf die kleinen Dinge des Lebens achten. Vielleicht ist ja mal was Wichtiges dabei.

Den Klinikalltag habe ich mir gemächlicher vorgestellt. Das Programm ist abwechslungsreich und fordert mich hauptsächlich in Sachen Fitness. Das mag ich, obschon ich weit unten mit dem Aufbautraining beginnen muss. Für jeden Tag liegt ein Marschbefehl in meinem Postfach Nummer 315. In der Regel kommen fünf bis sechs Termine pro Tag zusammen. Die Klinik ist keine Insel mit Sandstrand.

Dreimal pro Woche ist Ergometer-Training. Im Fitnessraum stehen zwölf mit dem zentralen Computer verkabelte Räder. Mit mir zusammen haben etwa zehn weitere Patienten denselben Termin. Wir werden einem Rad zugewiesen – ich nehme das Liegevelo wegen meiner schmerzhaften Nebenhodenentzündung –, und wir beginnen gleichzeitig zu strampeln. Für dreißig Minuten.

Drei an der Brust aufgeklebte Elektroden messen die Herzfrequenz. Alle drei Minuten wird der Blutdruck gemessen. Der Computer steuert den Widerstand des Ergometers. Er sorgt dafür, dass jeder entsprechend seiner Leistungsfähigkeit ins Schwitzen kommt, sich aber nicht überfordert. So wird eine kontinuierliche Leistungssteigerung angestrebt. Ausdauertraining heißt das. Die Leistung wird in Watt gemessen. Ich habe mich auf 125 Watt gesteigert. Wenn ich in Topform bin und Fabian Cancellara vierzig Grad Fieber hat, habe ich vielleicht eine Chance gegen ihn.

Zweimal pro Woche geht es in den Kraftraum. In einem auf meine Kräfte abgestimmten Programm mache ich

Übungen an den verschiedenen Geräten. In 45 Minuten ist man durch. Mit jedem Durchlauf werden die Hauptmuskelgruppen des Körpers gezielt gereizt.

Ich habe mir zum Ziel gesetzt, während meines Klinikaufenthaltes vier Kilogramm abzunehmen. Das mit dem Essen – auch zwischendurch – habe ich gut im Griff. Zu Hause war das nicht immer so. Deshalb habe ich mir einige Bauchröllchen zugelegt. Ich bin klar über meinem Wohlfühlgewicht und will deshalb abnehmen. Bisher ohne großen Erfolg. Aus berufenem Munde habe ich vernommen, dass ich mein Gewicht möglicherweise nicht herunterbringe, weil ich durch den Muskelzuwachs zunehme. Genau das wird es sein!

Und hier ein Bekenntnis: Ich schaue mehr in den Spiegel als zu Hause. Ich stelle fest, dass mein Körper straffer und gesünder aussieht als bei meinem Eintritt. Das freut mich. Eitelkeit muss sein.

Für «Lovehandles» – die Speckröllchen in der Taillengegend – bin ich definitiv noch zu jung. Sollte ich es nicht schaffen, an Gewicht zu verlieren, kann ich am Ende meines Aufenthalts ja immer noch zum hausinternen Friseur gehen. Dann nehme ich fünfzehn Gramm ab. – Ich habe meinen Humor nicht verloren. Es ist ein gutes Zeichen.

Als ich mit neunzehn Jahren den Leistungstest für den Eintritt in die Schweizer Armee absolvieren musste, kletterte ich die 5-Meter-Stange in 2,2 Sekunden hoch. Dafür gab es das Maximum von einhundert Punkten. In drei weiteren Disziplinen erreichte ich das Punktemaximum ebenfalls. Diese Zeiten sind längst vorbei.

Zum Bewegungstraining in der Klinik gehören Wandern, Nordic Walking, Wassergymnastik und Gymnastik in der Turnhalle. Früher habe ich Leute belächelt, die in der Turnhalle mit Reifen, Bällen und Gummibändern versuchten, ihre überschüssigen Pfunde zu bewegen. Jetzt entspricht mir diese Art von Bewegung. Ich entdecke, dass es sogar Spaß machen kann. Jeden Tag steht eine der genannten Bewegungseinheiten auf dem Programm.

Zweimal die Woche ist ein Gespräch bei meiner Psychologin geplant. Sie stellt mir Fragen zu meinen Werten, meiner Lebensweise, den Umgang mit schwierigen Situationen. Natürlich sind wir sehr bald auf die Frage zu sprechen gekommen, weshalb ich so viel arbeite.

In der zweiten Sitzung sagt sie: «Sie wirken äußerlich sehr ruhig. Aber innerlich haben Sie ein enormes Tempo.»

Das Wort «Tempo» bleibt mir hängen. Es löst eine Menge aus. Ich beginne intensiv über meine Lebensart nachzudenken. Bin ich ein Raser im Büro? Ein Workaholic?

Ich mag meine Ärztin. Sie ist eine sympathische Person. Sehr respektvoll, zugleich transparent. Sie hatte vor drei Jahren ebenfalls ein Burnout. Sie kann mich gut verstehen.

Den Gegenpol zum vielfältigen Bewegungstraining bilden die Entspannungstechniken, die wir in der Gruppe lernen. Ich lerne, richtig zu atmen. Es ist gar nicht so einfach. Ich lerne, meine Körperspannung wahrzunehmen. Sind meine Muskeln verkrampft oder entspannt? Und dann lerne ich natürlich, wie man sich konkret entspannen kann. Das ist wichtig für mich. Ich stehe seit fünfzehn Jahren unter Dauerspannung.

Die Abende sind frei. Ich habe zwei Bücher und die Bibel mitgenommen. Aber ich mag nicht lesen. Roger Federer hat bei den French Open die dritte Runde erreicht. Das habe ich gestern im «Tages-Anzeiger» gelesen. Es war ein Artikel, der etwa drei Minuten in Anspruch nahm. Mehr liegt nicht drin. Mein Schwindel wird akut, wenn meine Augen über die Zeilen fliegen. Bei ihrem ersten Besuch gebe ich Elisabeth die Bücher wieder mit nach Hause.

Ich habe das Malen entdeckt. An den Abenden ist der Gestaltungsraum offen. Dort stehen Materialien für das Malen, für die Seidentuch-Herstellung oder Speckstein-Gestaltung zur Verfügung. Es ist ein kleines Paradies. Einen beträchtlichen Teil meiner Freizeit verbringe ich dort. Das Trainingsprogramm ist ja Pflicht. Da geht man hin, auch wenn einem nicht danach zumute ist. Aber es tut gut, auch freie Zeit zur Verfügung zu haben.

Landschaftsbilder interessieren mich. Vor einigen Monaten bin ich auf die Bilder von Valentin Roschacher gestoßen. Er malt Berge. Die gefallen mir extrem. Also probiere ich es auch.

Ich versuche ein Foto von Eiger, Mönch und Jungfrau auf das Papier zu übertragen. Ich gebe es schnell auf. Es ist zehnmal schwieriger, als ich dachte. Es ist wie mit einer Predigt, denke ich. Wenn sie gut war, wirkt alles so leicht. Als könnte man die Worte wie Perlen aneinanderreihen. Aber es steckt harte Arbeit und viel Übung dahinter. Das Bild landet im Papierkorb. Das zweite und das dritte auch.

Allmählich finde ich meinen Stil. Da mein Talent durchschnittlich ist, beginne ich abstrakt zu malen. Das erste Bild, das gelingt, ist die Darstellung von Licht. Von der oberen linken Bildkante strahlt helles Gelb schräg nach unten. Es wird zu orange, zu rot, zu schwarz. Unten rechts sind ein paar gelbe Spuren. Das Bild drückt aus, dass Gottes Licht in meine Dunkelheit leuchtet. Es ist noch dunkel. Es geht noch nicht vorwärts. Aber das Licht ist da. Es bricht durch.

Das erste gelungene Bild ist ein Lernfeld. Ich benutze es als Achtsamkeitstraining. In der Klinik wird viel Wert auf Achtsamkeit gelegt. Wir lernen alleine oder in der Gruppe, auf unsere Körperspannung zu achten, auf unsere innere Verfassung, auf unseren Körper.

Für Patienten mit Erschöpfungsdepression und Burnout ist das enorm wichtig. Wir gehören zu der Gruppe von Menschen, die kaum wahrnehmen, dass sie schon lange im roten Bereich laufen. Sie fahren mit Vollgas weiter, obwohl die Tankanzeige schon längst auf Reserve steht.

Ich lerne, darauf zu achten, ob mein Tinnitus stärker oder schwächer wird. Was sagt der ansteigende oder plötzlich sich verstärkende Pfeifton in meinem Ohr aus? Habe ich bemerkt, dass es mir schon wieder schwindlig wird und ich mich seit einer halben Stunde in der kritischen Zone bewege? Habe ich bemerkt, dass ich meine Schulter nach oben ziehe und so verkrampft bin, dass ich Kopfweh kriege?

Jahrelang habe ich das nicht bemerkt. Und wenn es mir bewusst wurde, habe ich es übergangen. Ich war nicht achtsam. Ich habe hundert Mal die Kreuzung bei Rotlicht überfahren. Ein Dutzend Mal hat es Blechschäden gegeben. Und dann kam der Totalschaden.

Ich versuche, das Malen mit dem Achtsamkeitstraining zu verbinden. Das erste Bild hat mehrere Stunden in Anspruch genommen. Hier noch eine Farbabgleichung, dort noch eine kleine Verbesserung, an dieser Stelle noch eine kleine Korrektur. Ich male, wie ich arbeite. *Ich kann nicht aufhören.* Das wird mir nun überaus deutlich.

Um 21.00 Uhr ruft mich jeweils meine Frau an. Dann erzählen wir einander während einer halben oder einer ganzen Stunde, wie der Tag lief. Das Gespräch schließen wir meistens damit ab, dass ich für uns beide bete. Schon mehrmals bin ich zu spät aus dem Gestaltungsraum zurück aufs Zimmer gekommen. Meine Frau hat schon zwei Mal angerufen, und ich war noch nicht da. Ich konnte nicht aufhören.

Ich verbeiße mich in meine Malarbeit. Ich merke es nicht, weil ich es nicht als Arbeit empfinde. Ich fühle mich entspannt. Mit meinem iPod höre ich klassische Musik und male dazu. Am liebsten Oboen-Konzerte von Vivaldi und Albinoni. Die sind zu meiner ganz persönlichen Malmusik geworden. Ich vergesse alles um mich. Oh, plötzlich bin ich wieder spät dran! Also nehme ich mir vor, früher aufzuhören.

Zum Beispiel gehe ich mit der Absicht in den Gestaltungsraum, einen bestimmten Arbeitsschritt am Bild zu vollenden und dann aufzuhören, auch wenn noch etwas Zeit bleibt. Erste Erfolge zeigen sich. Ich höre tatsächlich früh genug auf – fast immer. Ich stelle fest, dass ich so viel entspannter bin und nicht in Stress komme. Das Malen wird mein erstes Lernfeld. Ich versuche, im Kleinen ein vernünftiges Arbeitsmaß zu finden.

In drei Minuten ist es 10.00 Uhr. Ich habe mir vorgenommen, dann mit dem Schreiben aufzuhören. Um 10.15 Uhr muss ich nämlich vor dem Haupteingang bereit stehen. Eine Wanderung ist angesagt. Ich will lernen, früh genug zu sein, so dass ich mich nicht stressen muss. Heute Morgen funktioniert es. Beinahe jedenfalls.

Das Schreiben hat mich müde gemacht. Der Schwindel hat zugenommen. Eigentlich hätte ich vor einer Viertelstunde aufhören sollen. Eigentlich, eigentlich, eigentlich. Ich hasse dieses «Eigentlich». Aber ich war gerade so in einem Flow. Die Worte fließen mir aus den Fingern, ich muss die Hände nur über die Tastatur halten. Beim Schreiben schaffe ich es mehrheitlich noch nicht, rechtzeitig eine Pause einzulegen. Jetzt ist es genau 10.00 Uhr.

Die Wanderung ist zu Ende. Zurück zur Malerei. Ich habe eine richtiggehende Leidenschaft dafür entwickelt. Ich bin seit zwei Wochen hier und bereits am sechsten Bild. Unterdessen erstaunt mich gar nichts mehr. Ich scheine nichts «normal» machen zu können. Es muss bei mir alles intensiv sein. Leide ich unter Perfektionismus? Ich habe diese Frage bei der Psychologin verneint. Es ist etwas anderes. Ich bin daran, herauszufinden, was es genau ist. Ich muss mir selbst auf die Schliche kommen.

Mein viertes Bild habe ich mit dem Schaumroller gemacht. Die untere Bildhälfte ist in zu schwarz neigendem Dunkelblau gehalten. Gegen den oberen Bildrand hin hellt es sich zu einem mittleren Blau auf. Ich habe die

Farbe trocknen lassen und am nächsten Tag einen etwa zehn Zentimeter breiten, nach oben führenden Streifen in der Mitte darübergemalt, der mit derselben dunklen Farbe beginnt, dann aber schneller als der Untergrund in ein helles, mit weiß vermischtes Blau übergeht. So steigt in der Bildmitte aus der Finsternis eine Säule ins Helle auf. Ganz allmählich wird das Dunkelblau heller. Der Kontrast ist gut gelungen. Man muss mit dem Auge Zentimeter für Zentimeter hochfahren, bis der Unterschied erkennbar wird.

Damit habe ich versucht, das Thema «Hoffnung» abzubilden. Hoffnung erhebt sich aus dem Dunkel. Zunächst ist nichts Klares erkennbar. Aber dann, ganz allmählich, wird es heller. Hoffnung ist ein Thema für mich. Aber ich bin mir nicht sicher, ob ich welche habe. Doch, eigentlich schon. (Das war nicht eben überzeugend, ich weiß.)

In den zwei Wochen, seit denen ich hier bin, geht es mit dem Schwindel noch nicht besser. Aber ich spüre, dass mir das Programm guttut und dass diese Zeit diejenige ist, die Gott zu meiner Heilung gebraucht. (Ich scheine also tatsächlich Hoffnung zu haben.)

Gestern habe ich die Meldung erhalten, dass die Krankenkasse das Gesuch um eine Verlängerung bewilligt hat. Ich habe also noch drei Wochen vor mir.

Es gibt Dinge, die mir Freude bereiten. Vor einer Woche haben die Schweizer Eishockeyaner bei der Weltmeisterschaft in Deutschland Kanada mit vier zu eins besiegt. Das tat richtig gut! Das zweite Mal, bei dem ich mich in den letzten zwei Wochen gefreut habe, war, als ich feststellte, dass die Farbabstimmung des blauen Bildes gut gelang. Besser, als ich dachte. Ich war gerade allein im Gestaltungsraum und habe einen Freudentanz hingelegt und Gott gedankt.

Die Meldung, dass ich verlängern kann, war das dritte Mal, dass ich spontan Freude empfand. Mir ist auch klar, weshalb. Der Klinikaufenthalt bedeutet einen markanten Einschnitt in mein Leben. Wenn man Postfach 315 hat, am Tisch Nummer 31 isst und sich abmelden muss, wenn man außer Haus geht, wird einem bewusst, dass man krank ist. Schwer krank. Sonst wäre man nicht hier.

Diesen Einschnitt brauche ich. Diese Zeit muss eine Wende sein. Ich weiß nicht, wie es mit meinem Leben weitergehen würde, wenn ich wieder in den bisherigen Arbeitsrhythmus falle. Ich fürchte, dass ich dann den Schirm zumachen würde. Was das heißt, weiß ich nicht. Es ist nur so ein ungutes Gefühl.

5. Mit fünfzig ein Wrack (Schwarze Liste)

Die Jahre 2003 und 2004 waren in gesundheitlicher Hinsicht äußerst schwierig. Im Sommer 2003 musste ich das erste Mal mit der Arbeit aussetzen. Meine Freunde aus der Gemeindeleitung gaben mir einen Monat frei, damit ich mich erholen konnte. Ich verbrachte drei Wochen in einem Albergo (einem kleinen Hotel) im Tessin. Es war eine wunderbare Zeit.

Dann ging es mit der Arbeit weiter. Ich empfand meinen Dienst als Privileg und legte mich gerne ins Zeug. Bald war ich wieder überarbeitet.

Am 24. März 2004 klagte ich: «Es liegen vier schlimme Tage hinter mir. Bin mit meinen Kräften am Ende. Auch innerlich. Schlafstörungen.»

Als ich beim Durchforsten meiner Tagebücher diesen Eintrag lese, erschrecke ich. Ich schrieb weiter: «In den letzten zwölf Jahren hatte ich vier Zusammenbrüche, das ist doch wahnsinnig. Das sollte mir arg zu denken geben! Offenbar kann ich so nicht weitermachen. Sonst bin ich mit fünfzig ein Wrack.»

Heute ist der 28. Mai 2010. Ich bin 45 Jahre alt. Ich bin ein Wrack. Fünf Jahre früher als befürchtet.

Ich könnte mich ohrfeigen, dass ich mich kaputtgearbeitet habe. Ich weiß seit Jahren, dass ich reduzieren muss. Ich kann's ja nachlesen in meinen Tagebüchern.

Aber geschafft habe ich es nicht. Irgendwo tief in meiner Seele glaubte ich, dass ich nie an diesen Punkt kommen würde. Weil ich meine Arbeit ja für Gott mache. Ich glaubte, es gäbe einen Unterschied zwischen einem Manager, der sich für Unilever oder die Credit Suisse verbrät, und mir, der ich für Gott arbeite. Ich habe mich geirrt. Und dafür bin ich selbst verantwortlich.

Im selben Jahr, als die Einsicht dämmerte, dass ich so nicht weitermachen konnte, lief mein Schiff zum zweiten Mal auf eine Sandbank auf. Das war im November. In der ersten Monatshälfte unterrichtete ich eine Woche an einer theologischen Institution. Es war eine tolle Gelegenheit. Ich genoss die Zeit des Unterrichtens. Die Rückmeldungen der Studierenden und der Schulleitung waren sehr positiv. So weit, so gut.

Doch die Woche danach war eine Katastrophe. Ich war erschöpft. Des Müdeseins müde. Ich schleppte mich dahin, manchmal fühlte ich mich kaum anwesend. Sechs von sieben Abenden waren mit Gemeindeterminen besetzt. Teamsitzungen. Gemeindeleitungssitzungen. Vorbereitungssitzung für irgendetwas. Hauskreisleiterschulung. Eheseelsorge.

Am 21. November fuhr ich nach Deutschland zu einem Kurs von «Operation Mobilisation» für Missionare und Pfarrer. In diesem Kurs ging es darum, Belastendes aus der Vergangenheit hinter sich zu lassen und sich neu von Gott füllen zu lassen. Das war genau das Richtige für mich. Es war meine Notfallbucht in einem langen Tunnel. Sie tauchte in dem Moment auf, als mir der Sprit ausging.

Während der Fahrt dorthin musste ich immer wieder anhalten und kleine Pausen einlegen. Auf dem letzten

Streckenabschnitt brach ich physisch beinahe zusammen. Ich schaffte es mit letzter Kraft in den rettenden Hafen. Zwei Wochen für mich! Zwei Wochen, in denen andere für mich da waren. Nicht ich für die anderen. Es wurden zwei Wochen, die bis heute zu den besten meines Lebens gehören.

In Gedanken bin ich wieder in jener alten Mühle, in welcher der Kurs stattfand. Ich sehe die dicken Mauern vor mir. Den Plenarsaal, in dem wir die Referate hatten. Der Bach nebenan. Es ist eigentlich kein schöner Ort. Und doch kommen in meiner Erinnerung warme Gefühle auf. Ohne jene zwei Wochen hätte ich in meiner Aufgabe als Pfarrer nicht weitermachen können. Ich wäre schon damals zusammengebrochen.

In der Seelsorge werde ich auf den Umgang mit meinen Emotionen angesprochen. Von außen gesehen bin ich einer, der viel einstecken kann. Mich haut so schnell nichts um. Das ist der Eindruck, den ich bei den meisten Menschen hinterlasse. Ich bin ein idealer Hau-den-Lukas. Und ich habe es mir gefallen lassen. Wie gehe ich mit den Emotionen um, denen ich ausgesetzt bin? Mit der Kritik? Mit den Erwartungen? Diese Fragen treffen mich.

Es ist das erste Mal, dass ich mich damit auseinandersetze. Wie immer, wenn ich intensiv nachdenke, beginne ich zu schreiben. Die Liste der Emotionen füllt mehrere Seiten in meinem Tagebuch. Ich kann es kaum glauben, was sich da anhäuft.

Zunächst liste ich meine Sorgen auf. Welche Dinge drücken mich und rufen Sorge hervor? Was sind die Dinge, die ich täglich auf dem Herzen trage?

Es wird mir bewusst, wie stark mich die kriselnden Ehen in unserer Gemeinde beschäftigen. Ich möchte in der Eheseelsorge «Erfolge» sehen.

Der Mitarbeitermangel macht mir permanent Kummer. Ich habe das Gefühl, mit schuld daran zu sein, dass die Mitarbeitergewinnung nicht optimal funktioniert. Wenn in einer Gemeinde etwas nicht so funktioniert, wie es sollte, und nicht klar ist, wer dafür verantwortlich ist, dann ist es am Ende der Pfarrer. So denken nicht nur viele Leute in meiner Gemeinde. Ich selbst empfinde das genauso.

Ich mag meinen Beruf. Darum erstaunt es mich, als Nächstes festzustellen, dass es viel Enttäuschung und Ärger zu verarbeiten gibt.

Es betrübt mich, dass manche Leute nur in den Gottesdienst kommen, wenn der Samstagabend bei ihnen nicht zu lange war oder wenn das Wetter zu wenig gut für einen Sonntag auf der Skipiste ist.

Ich bin enttäuscht über die Finanzlage. Sie trifft mich persönlich.

Unzuverlässigkeit stört mich.

Wenn die Gemeinde kritisiert wird, fühle ich mich persönlich angegriffen.

Ich störe mich an Unachtsamkeit. Etwas geht kaputt und wird dann schlicht ignoriert. Manche lassen die Sachen liegen wie die Hühner den Dreck. Meine Frau und ich räumen auf. Wir nehmen kaputte Dinge mit nach Hause und reparieren sie. Ich ärgere mich darüber. Aber ich schlucke den Ärger hinunter.

Als Nächstes denke ich über Erwartungen nach und darüber, was sie bei mir auslösen. Es wird vieles von mir erwartet. Dass ich «gute» Predigten halte. Lehrhaft, praktisch, anschaulich, persönlich, offen, strukturiert, spontan, einfach, gehaltvoll, ansprechend. Einige möchten mehr über die Liebe des Vaters hören, andere vermissen die Lehre über den Heiligen Geist, nochmals andere vermissen «das Wort». Das kann ich schon gar nicht mehr hören.

In gewissem Sinn erwarte ich alle diese Dinge selber von mir. Das macht die Sache nicht leichter. Es wird erwartet, dass die Gemeinde unter meiner Leitung wächst. Geschieht das nicht, ist das Problem schnell ausgemacht. *Ich* bin das Problem. Was Seelsorge betrifft, bin ich durchschnittlich begabt. Eine entsprechende Ausbildung fehlt mir. Ich empfinde öfter ein Gefühl der Unzulänglichkeit.

Die Liste wird immer länger. Das kann nicht gut kommen. Natürlich gibt es viele erfreuliche Dinge in meiner Arbeit. Zum x-ten Mal: Ich mache sie ja auch gerne. Aber jetzt überkommt mich angesichts der endlosen Liste negativer Emotionen, denen ich ausgesetzt bin, ein Schauer.

Als Nächstes die Befürchtungen. Ich lebe ständig mit ihnen. Die Befürchtung, dass wieder wertvolle Mitarbeiter aufhören könnten und ich in die Lücke springen muss. Die Befürchtung, weitere Gemeindeglieder könnten die Gemeinde verlassen, weil sie in meinen Predigten «keine Nahrung» bekommen. Auch so ein Wort, das ich nicht ausstehen kann, denn wenn es fällt, verliert am Ende immer der Pfarrer.

Dann sind da noch die Befürchtungen, dass meiner Frau die Belastung zu viel werden könnte, dass einer der Ältesten zurücktreten könnte, dass das Budget abgelehnt werden könnte, dass die Blumen für den Gottesdienst wieder zu spät gebracht werden, dass die Mitarbeiter der Sonntagsschule um 10.00 Uhr noch nicht da sind und ich blöd dastehe vor Gästen, die fragen, ob wir denn kein Kinderprogramm hätten. Und dass wieder einer die letzte Rolle Klopapier aufgebraucht und nichts gesagt hat. (Alles schon vorgekommen.)

Ich führe mir die schwarze Liste zu Gemüte. Da ist einiges zusammengekommen. Es wundert mich nicht, dass ich in den letzten Jahren mehr als einmal das Ticket nach Tarsis kaufen wollte wie der Prophet Jona. Aber ich bin geblieben. Und am Ende des Kurses habe ich die Gewissheit, dass ich in meinem Dienst als Pfarrer weitermachen kann.

Endlich bin ich mal ehrlich zu mir selbst gewesen! Es wird mir bewusst, dass derart viel emotionaler Stress meine Gesundheit gefährden kann und es auch bereits getan hat. Ich will in Zukunft meine Gefühle besser wahrnehmen, sie benennen und nicht mehr so stark kontrollieren. Ich kann weder die Menschen noch die Situation ändern. Das kann nur Gott. Ich muss einen Weg finden, um mit den Schattenseiten meiner Berufung richtig umgehen zu können.

Das gelingt in den folgenden Jahren auch. Und vieles, was mich ärgerte und enttäuschte, ändert sich mit der Zeit. Meine Gemeinde und ich wachsen und reifen zusammen. Die Gemeinde wird menschlicher und großzügiger. Sie gewinnt an geistlicher Leidenschaft und weitet ihren Blick.

Und doch: Die ersten zehn Jahre als Pfarrer haben Substanz gekostet. Sie sind mir buchstäblich an die Eier gegangen. Der Volksmund enthält ja doch so manche Weisheiten, die sich immer wieder mal bewahrheiten.

Seit ich als Pfarrer zu arbeiten begonnen habe – in den ersten Jahren waren es bis zu siebzig oder achtzig Stunden die Woche –, ist meine Gesundheit ein Schlachtfeld. Ich startete mit einer Erschöpfungsdepression, die wieder ausheilte. Meine Nebenhoden entzündeten sich chronisch. Ich ließ sie herausoperieren. Sie waren weg, aber die Schmerzen waren immer noch da. Das sei unerklärlich, meinte der Chirurg und schloss die Behandlung ab. Blieb nur noch die Überarbeitung als Ursache.

Langsam beginne ich es zu glauben.

6. Verwegenes Vertrauen (Zermatt)

Ich habe erstmals seit einigen Monaten die Nacht durch gut geschlafen. Ein herrlicher Tag ist angebrochen. Die Wiese vor meinem Fenster ist bereits sonnenbeschienen. In einer Stunde steht muskuläres Aufbautraining auf dem Programm. Danach Wassergymnastik. Das klingt zahm. Ein wenig das Bein bewegen, ein wenig die Arme in die Luft strecken. Aber die Therapeuten können einen ganz schön ins Schwitzen bringen.

Ich habe mir einen Orangensaft vom Frühstücksbuffet mitgenommen, den ich schluckweise trinke. Ich bin noch nicht richtig wach. Meine Gedanken schon. Irgendwie gehört das zu mir. Ich kann halb tot sein, meine Gedanken arbeiten immer. Sie produzieren ständig Ideen, die ich dann schriftlich festhalten muss. Überproduktion sozusagen. Gedanken auf Vorrat für mindestens zwei Leben. Die Leute sagen, es sei eine Gabe. Es ist aber auch ein Teil des Problems. Ich muss lernen, meine Gedankenrotationen zu verlangsamen. Wie das gehen soll, weiß ich noch nicht.

«Verwegenes Vertrauen». Der Ausdruck gefällt mir. Es ist der Titel eines Buches von Brennan Manning, das ich vor zwei Jahren gelesen habe. Dieses Buch hat Dinge ausgelöst, die ich bis heute nicht verstehe. Die Kernaussage des Buches war: Christen müssen nicht mehr wissen. Sie wissen in der Regel genug und setzen es dann doch nicht um. Das Wissen, das wir über Gott haben, reicht für mindestens dreihundert Jahre. Es geht einfach darum, zu vertrauen.

Ich möchte Gott verwegenes Vertrauen entgegenbringen. Meine Situation ist geradezu ideal dafür. Immer stärker drängt sich die Frage in den Vordergrund, ob ich mit meiner schlechten Gesundheit meine Aufgabe als Pfarrer weiterführen kann oder nicht. Es wird zu einer existenziellen Frage, die mich zu bedrängen beginnt. Ich habe eine Berufung. Ich weiß, dass ich am richtigen Ort bin. Ich kann nicht einfach so aufhören. Ich kann nicht einfach die Waffen strecken.

Mannings Buch versetzte mir damals einen Impuls, und ich erinnere mich: Möchte Gott, dass ich ihm verwegenes Vertrauen entgegenbringe und mich von meiner Krankheit nicht aufhalten lasse? Ich stehe unter dem Eindruck, dass ich mehr Leiterschaft wahrnehmen soll. Meine Kräfte auf Leitung und Begleitung von Mitarbeitern konzentrieren soll. Das würde mehr Gespräche und bestimmt nicht weniger Arbeit bedeuten. Eigentlich ist das Unsinn. Ich habe die Kraft dazu nicht. Aber Vertrauen ist nicht immer logisch.

Ich stelle Gott die Fragen: Hast du mich als Leiter berufen? Soll ich in Zukunft mehr dahinein investieren?

«Diese Fragen müssen vordringlich sein. Sie dürfen nicht von der Frage nach der Gesundheit getrübt werden. Ich muss mir über meine Berufung im Klaren sein. Wie diese Berufung zu leben ist und wie viel Energie ich habe, das ist ein zweiter Akt, ein Vertrauensschritt. Halte ich diese Reihenfolge nicht ein, denke ich nur von meinen Möglichkeiten, aber nicht von Gott her. Das wäre im Grunde genommen Unglaube.» Das hielt ich am 27. Juli 2008 in meinem Tagebuch fest.

Ich gehe danach mit diesen herausfordernden Gedanken schwanger. Ich habe die Wahl zwischen Vernunft und Glaube. Jeder, der mich kennt, würde Verständnis zeigen, wenn ich aus gesundheitlichen Gründen Nein sagen würde. Die Zeiten, in denen ich davon ausgegangen bin, dass gesundheitliche Rückschläge vorübergehende Episoden in meinem Leben darstellen, sind längst vorbei. Sie sind zu einem ernsthaften Problem geworden. Der Gedanke, dass ich vielleicht nie mehr gesund werde, taucht häufiger auf. Sind das Gedanken der Vernunft oder des Unglaubens? Habe ich resigniert?

«Es ist natürlich, dass ich vor der Aufgabe der Leiterschaft zurückschrecke», schrieb ich am 2. August. «So ist es in der Bibel allen ergangen, die Gott berufen hat. Dieses Zurückschrecken ist weniger ein Zeichen, dass ich nicht Ja sagen soll, und mehr ein Hinweis auf eine Verlockung, meinem Herrn zu vertrauen.»

Mit diesen Gedanken fuhr ich am 4. August für einige Tage nach Zermatt.

Ich spüre es immer noch, als wäre es heute: Ich will endlich mal das Matterhorn sehen. Überdies liebe ich die Berge. Immer wenn ich in den Bergen bin, geschieht etwas zwischen mir und Gott. Ich bin dem Himmel näher. Vielleicht, weil das Störende abfällt und ich besser hören kann. Vielleicht, weil meine Seele durch die Schönheit der Natur offener ist. Vielleicht, weil ich nicht von Beton und Plastik umgeben bin und keine Anrufe erhalte. Wahrscheinlich spielt alles zusammen.

In den vergangenen Jahren habe ich gelernt, dass ich mit konkreten Fragen in solche Zeiten gehen muss. Will Gott, dass ich mit verwegenem Vertrauen meine «pfarreale» Aufgabe auf Leiterschaft konzentriere? Mit dieser Frage gehe ich vier Tage schwanger. Ich wälze sie beim Wandern, ich bin mit Gott im Gespräch darüber. Ich lese das Buch Josua im Alten Testament und bin begeistert von seiner Fähigkeit zu leiten. Meine Gedanken halte ich in meinem Tagebuch fest.

Am Ende des Aufenthalts verdichtet sich die Überzeugung, dass Gott mich in eine neue Dienstphase führt. Ich soll mehr leiten. Ich soll es wagen. Ich soll nicht zurückschrecken, sondern investieren. Das kommt mir in der Tat verwegen vor.

Ich will es genau wissen. Zu Hause angekommen, rufe ich meinen besten Freund aus der Gemeinde an und erzähle ihm alles. Ich bitte ihn, meine Überlegungen und Eindrücke zu prüfen. Er bestätigt sie mir nach einer Zeit des Betens seinerseits.

Die Würfel sind gefallen! Ich habe keine Ahnung, wie ich die vermehrte Verantwortung mit meiner Gesundheit in Einklang bringen soll. Ich vertraue Gott und folge seiner Stimme. Alles weitere ist ein zweiter Akt. Alles weitere ist Vertrauen. Ich überlasse es ihm.

Mir fällt Petrus ein, der Jesus verwegenes Vertrauen entgegenbringt, als er aus dem Boot steigt und auf dem Wasser geht. Die anderen Jünger wagen es nicht. Petrus schon. Dann bekommt er Angst. Aber Jesus rettet ihn vor dem Ertrinken und nennt ihn einen Kleingläubigen. Eigentlich hätte Jesus den Petrus loben sollen. Das war verwegen von ihm. Er war der Einzige, der es wagte, auf dem Wasser zu gehen. Er tat mit Jesus etwas, das eigentlich unmöglich ist. Jesus belohnte sein Vertrauen. Petrus ging auf dem Wasser. Es geschah ihm nach seinem Glauben.

Ich komme mir auch ein wenig wie Petrus vor. Die Herausforderung einer neuen Dienstphase anzunehmen bei meiner gleichzeitigen körperlichen Schwäche, ist wie Gehen auf dem Wasser. Ich vertraue darauf, dass Jesus meinen Glauben belohnt und ich tatsächlich werde gehen können.

Aber es kommt nicht dazu. Zwei Monate später erleide ich eine Schwindelattacke. Und nochmals zwei Monate später erneut eine. Ich erhole mich nicht mehr. Ich kann nicht einmal mehr meinen täglichen Verpflichtungen als Pfarrer nachgehen. Wie soll ich das bloß verstehen? Ich habe Gott doch verwegenes Vertrauen entgegengebracht ...

Bis heute verstehe ich die ganze Sache nicht. Ich glaube, dass Gott Vertrauen belohnt. Aber ich erlebe es nicht. Jedenfalls jetzt nicht. Ich meinte, die Stimme Gottes vernommen zu haben, und war ihr gehorsam. Ich war überzeugt, den Ruf meines Herrn gehört zu haben, ich solle über das Wasser gehen. Nur darum bin ich gegangen. *Ich habe dir vertraut, mein Gott, und ich bin abgesoffen!*

7.
Im Kloster
(Val Müstair)

Mit dem enttäuschten Vertrauen musste ich erst noch klarkommen. Dazu brauchte ich Stille. Am 19. September 2009 fuhr ich für eine Woche ins Kloster. Es war das erste Mal, dass ich so etwas machte. Im Internet bin ich auf das Benediktinerinnenkloster St. Johann im Val Müstair (Münstertal) gestoßen, das ein Gästehaus führt. Teilnahme an den Einkehrzeiten der Nonnen freiwillig. Einfach Stille. Genau das Richtige für mich.

Ich erinnere mich: Der Tag meiner Anreise ist ein warmer Herbsttag. Am späten Nachmittag erreiche ich den Ofenpass. Eine wunderbare Fahrt durch Arvenwälder liegt vor mir. Es sind kaum Häuser zu sehen. Die Straße führt auf rund der halben Strecke durch den Schweizer Nationalpark.

Ich tauche langsam in die Stille ein. Auf der Passhöhe mache ich kurz Rast. Gegen Süden tut sich das Val Müstair auf. Minschuns und Lü räkeln sich in der Abendsonne. Die Wälder auf der anderen Talseite liegen bereits im Schatten der Piz Daint, Piz Dora und Piz Turettas. Wenn man die Berge liebt, fängt hier das Paradies an.

Keine halbe Stunde später komme ich in Müstair an. Das Kloster liegt am Nordrand des Dorfes. Bis zur italienischen Grenze nach Südtirol sind es nur noch ein paar hundert Meter. Ich lenke mein Auto durch die enge Hauptstraße, die wie zufällig Platz zwischen den wuchtigen Häusern gefunden hat.

Jetzt tauchen am Dorfrand links der Straße die mächtigen Klostermauern auf. Ich fahre durch den großen Torbogen, der in das Landwirtschaftsgehöft des Klosters führt. Die Mauer ist hier zugleich ein Arbeitstrakt und rund zehn Meter dick. Drinnen tut sich ein Hof in der Größe eines Fußballplatzes auf. Die Stille schließt mich noch ein wenig mehr ein.

Die Verantwortliche der Herberge zeigt mir mein Zimmer. Durch eine gewundene Treppe gelange ich in den ersten Stock. Am Ende des Korridors liegt die Abtei, der ehemalige Wohnraum des Abtes. Sie ist zu einem Gästezimmer umfunktioniert worden. Links steht ein ausgedienter Zimmerofen aus blau-weißen Kacheln. Rechts ein altes Sofa. Am Fenster ein Bett. In der Mitte ein alter Tisch. Darüber hängt von der dunklen Holzdecke eine Lampe, die fahles Licht spendet. Es gibt nicht viel, was mich in den nächsten Tagen ablenken könnte. Der schmucklose Raum strahlt Ruhe und Einfachheit aus. Das Fenster gibt den Blick auf den Innenhof frei.

Das Abendessen ist einfach und gut. Zu Beginn und als Abschluss des Essens wird gebetet. Dazu stehen wir – die Verantwortliche der Pension und vier Gäste – auf und treten hinter unsere Stühle. Ich kenne die traditionellen Gebete nicht, spüre aber, dass Glauben an diesem Ort ist. Während des Essens wird nicht viel geredet, die Atmosphäre ist dennoch freundlich und offen.

Nach dem Essen ziehe ich mich in die Abtei zurück. Mein Tagebuch wird in dieser Woche mein bester Verbündeter sein. Ich weiß, dass ich in solchen Zeiten viel schreibe. Das bedeutet intensive Auseinandersetzung mit meiner Situation und stilles Gebet. Ich erwarte, dass mein Herr mit mir einen Dialog führt, während ich schreibe. Es ist meine Art zu beten, wenn ich die Worte nicht aussprechen kann. Es rumort in meiner Seele. Aber meine Lippen sind meistens stumm. Ich möchte beten, aber es geht nicht. Ich werde viel schreiben.

Ich setze mich an den Tisch und frage mich, wie es mir gerade jetzt geht. Ich stelle fest, dass ich auf der Fahrt sehr müde geworden bin. Der Gedanke wallt auf, alle meine verbliebenen Pflichten als Pfarrer aufzugeben und zurückzutreten, um gesund zu werden. Die ganze Verantwortung abzulegen und darauf zu vertrauen, dass Gott unsere Gemeinde baut.

Ich habe zu diesem Zeitpunkt die Gesamtverantwortung nur vorübergehend abgegeben. Sobald es mir besser geht, sollte ich sie wieder übernehmen. Vielleicht bin ich so krank, dass ein Rücktritt unausweichlich ist. Dieser Gedanke beunruhigt mich. Ich möchte ihn am liebsten von mir stoßen. Aber ich will ehrlich mit mir selbst und mit Gott sein.

Wie fühle ich mich? Stellt mir der Heilige Geist diese Frage, oder ist es meine eigene Anfrage? Macht das einen Unterschied? Ich fühle mich wie am Ende eines langen Kampfes, bei dem mir die Kräfte ausgehen und ich von einem unsichtbaren Gegner bezwungen werde. Soll ich kämpfen? Das habe ich getan! Ich brauche Ruhe. Wie lange? Muss ich wirklich alle Verantwortung loslassen? Es würde bedeuten, dass ich viele Ziele nicht erreicht hätte.

Der Gedanke daran schmerzt. Er fühlt sich wie eine Niederlage an. Dennoch würde ich mich nicht schämen müssen für das, was ich geleistet habe. «Der Herr wird mich nicht als Geschlagenen vom Feld schicken», sagt etwas in mir.

Wenn ich Tagebuch schreibe, pendle ich zwischen verschiedenen Kommunikationsstilen hin und her. Einmal rede ich mit mir selbst. Dann beschreibe ich einfach. Und dann rede ich direkt mit Gott und schreibe meine Gebete auf. Wie in den Psalmen. Da beruhigt David in einem Vers seine Seele oder sagt ihr, sie solle nicht vergessen, was der Herr ihr Gutes getan hat. Dann spricht er Gott direkt an. Er pendelt hin und her. Gerade so, wie es aus dem Herzen fließt. Das passiert mir auch.

Ich weiß nicht, ob ich mir vorgenommen habe, schonungslos ehrlich zu sein, oder ob es jetzt einfach in dieser Art aus mir hervorbricht. Ist auch egal. Auf jeden Fall strömen an diesem Abend meine ganze Not, meine Verzweiflung und meine Verwirrung aus mir heraus, während ich schreibe:

«Gott, warum hast du mich verlockt, dir verwegenes Vertrauen entgegenzubringen? Warum hast du mich nicht zurückgehalten, als ich meinen Fuß auf das Wasser setzte? Warum habe ich dir vertraut und bin dennoch untergegangen? Wie soll ich das verstehen? Herr, ich leide! Ich bin voller Eifer für meine Berufung, ich bin willig, und du sendest mich nicht! Ich rufe zu dir, weil ich Weisung brauche, und alles, was dabei herauskommt, sind Gedanken oder Hinweise, die ich verzweifelt zu einem Puzzle zusammenzufügen suche. Ich tappe im Dunkeln.

Ich bin nicht besser dran als ein Atheist. Obendrein trage ich noch die Last, deinen Willen zu erkennen, der mir verborgen ist. Das ist nicht fair! Ich kenne deine Versprechen. Ich möchte erleben, dass du mich führst. Ist es zu viel verlangt, dass du deine Versprechen einlöst? Habe ich zu wenig ernsthaft gerungen? Warum lässt du mich schmoren? Ich verstehe die Leute, die einen gesunden und starken Leiter als Pfarrer fordern. Muss ich zurücktreten? Ich kann nicht, wenn du es mir nicht sagst.

Ich komme mir wie ein tragischer Held in einem durchschnittlichen Stück vor. War ich einfach dumm, über meine Kräfte hinaus für deine Sache einzustehen? Hat man das davon, wenn man zuerst nach Gottes Reich trachtet? Warum bin ich so elend dran? Ich glaubte immer, du würdest in mein Leben eingreifen wie bei den Israeliten am Schilfmeer. Jetzt bin ich ein Wrack. Ich bin am Ende meiner Weisheit. Ich habe keine Kraft mehr. Ich habe im Glauben gearbeitet wie ein Bauer. Ich habe die Erde in die Hand genommen. Ich war da, wenn mich jemand brauchte. Und jetzt bist du nicht da, wenn ich rufe! Bin ich besser dran als einer der Gäste hier, die zu irgendeinem katholischen Heiligen beten, der doch nicht reden kann? Warum tust du nichts? Warum nur tust du nichts?»

Es ist 21.15 Uhr geworden. Die Sonne ist längst hinter der Bergflanke untergegangen. Ich öffne das Fenster und erblicke über dem Kloster den Sternenhimmel. Ich fühle mich ausgelaugt und gehe schlafen.

Nach dem Frühstück setze ich mich an den alten Holztisch. Es ist 10.30 Uhr. Das war ehrlich am Abend zuvor. Es war schwierig, Gott zu sagen, wie es wirklich um mich steht. Ich weiß gar nicht, ob es mir besser geht.

Ich bin im Kloster, weil ich eine Antwort auf eine bestimmte Frage brauche: Soll ich weiterhin leitender Pfarrer unserer Gemeinde sein? Oder hat Gott eine andere Berufung für mich? *Ich werde mit dir ringen, Gott, und dich bei deinem Willen packen, damit ich deinen Weg mit mir klar sehe. Ich werde dir heute deine Versprechen vorhalten und dich bedrängen, bis ich Antwort erhalte. Ich werde nicht von hier weggehen – es sei denn, du segnest mich!*

Ich mache eine Wanderung dem Rombach entlang nach St. Maria und zurück. Immer wieder mal mache ich Halt, nehme mein Notizbuch hervor und trage Versprechen aus der Bibel zusammen.

«Bittet, und ihr werdet erhalten» (vgl. Matthäus 7,7–11). Das kann man eigentlich nicht missverstehen. Wenn ich bete, werde ich empfangen.

«Betet hartnäckig und beständig wie die Witwe, die den ungerechten Richter bedrängte, und Gott wird sich euch zuwenden» (vgl. Lukas 18,1–8). Das will ich tun.

«Sorgt euch nicht, sondern betet, und der Friede Gottes wird eure Herzen in Christus bewahren» (vgl. Philipper 4,6–7). Beten hält nahe bei Gott. Das brauche ich.

«Gott verspricht, mich zu lehren und mir den Weg zu weisen, den ich gehen soll» (vgl. Psalm 32,8). Auch das ist sonnenklar. Das will ich erleben! Das ist es, was ich brauche!

«Wenn jemand Weisheit braucht, weil er nicht weiß, wie er nach Gottes Willen handeln soll, dann kann er Gott einfach darum bitten. Und Gott, der gerne hilft, wird ihm bestimmt antworten, ohne ihm Vorwürfe zu machen. Aber wer ihn fragt, soll auch wirklich mit seiner Antwort rechnen» (vgl. Jakobus 1,5–6). Volltreffer! Das beschreibt exakt meine Situation. Es ist ein klares Versprechen, das ich in verzweifeltem Glauben einfordern will. Ich bin wild entschlossen. Verzweifelte entwickeln zuweilen enorme Kräfte.

Es war ein Herbsttag wie aus dem Bilderbuch. Nach dem Abendessen setze ich mich in der Abtei wieder an den Holztisch und ordne meine Gedanken. Ich stelle fest, dass ich ohne Unterbrechung am Beten bin – beim Wandern, beim Duschen, beim Schreiben. Ich bin andauernd mit Gott im Gespräch. Bitte ihn, hadere mit ihm, lobe ihn, seufze in seiner Gegenwart. Ich habe noch nichts erlebt oder gehört. Aber es ist gut so.

Ich sitze also am Holztisch. Das Tagebuch ist aufgeschlagen. Der Füllfederhalter liegt bereit. Ich weiß nicht, was jetzt kommt. Ich vertraue darauf, dass Gott mich führt, wenn ich zu schreiben beginne. Mit den ersten Worten kommt das Thema. Die Übergabe meines Willens an Gottes Willen – ohne Wenn und Aber.

Als ich eine Stunde später mit Schreiben aufhöre, wird mir klar, dass dieses Thema dran war. Ich lege meinen Willen bedingungslos in Gottes Willen.

Ich bin bereit, deinen Willen zu tun, mein Gott, was immer es ist. Wenn ich leitender Pfarrer bleiben soll, muss ich es aus deinem Mund vernehmen. Ich würde es wagen, selbst mit meiner angeschlagenen Gesundheit – aber nur, wenn du es mir ausdrücklich sagst. Ohne ein Wort von dir kann ich nicht weitermachen.

Wenn mein Dienst zu Ende geht und du mich heißt, alles loszulassen, werde ich es tun. Zwing mich nicht in die Knie! Gib mir ein Wort, ein Zeichen, damit ich aufrecht ge-

hen kann, selbst wenn ich für den Rest meines Lebens hinken sollte!

Baue du deine Gemeinde! Gebrauche mich dazu, wenn du willst. Willst du dich um deinen Ruhm bringen?

Wenn ich Zürich-Kloten verlassen soll, werde ich es tun. Ich gehe aber nur, wenn du vorangehst. Wenn ich nicht erkennen kann, dass die Feuersäule vor mir herschreitet, werde ich nirgendwo hingehen. Dies ist der Ort, an den du mich berufen hast. Dieser Berufung bleibe ich treu, bis du mir etwas anderes zeigst.

Wenn du willst, dass ich keine Theologiekurse mehr unterrichte und nur noch als Pfarrer arbeite – ich werde es tun, wenn du es sagst.

Wenn du willst, dass ich als Pfarrer aufhöre, um nur noch zu unterrichten – auch das werde ich tun, wenn du es sagst.

Wenn du willst, dass ich zurücktrete und unter einem neuen Gesamtleiter diene, werde ich es tun. Lass einfach nicht zu, dass mich die Umstände zum Aufgeben zwingen. Was werden die Menschen von dir denken? Was wird mit mir und meiner Frau sein? Wo wäre die Erfüllung deiner Versprechen? Wo die göttliche Kraft in der Schwachheit? Wo dein Eingreifen, wenn du mich schon nicht heilen willst?

Ich fühle mich wie der Prophet Elia. Er kämpfte für Gott. Er war treu und mutig. Er machte alles richtig, aber schließlich rannte er um sein Leben. Als er auf dem Berg Horeb ankam, hatte er eine Begegnung mit Gott. Dieser fragte ihn, was er hier mache. Gute Frage.

Es ist mir, als stellte mir Gott diese Frage ebenfalls. Was tue ich hier in Müstair?

Ich bin hier, mein Gott, weil ich krank und müde bin. Ich habe alle meine Kräfte für dich aufgebraucht. Ich habe gegen meine Krankheit gekämpft und bin am Verlieren. Ich bin damit gescheitert, auf dem Wasser zu gehen. Das verwirrt mich noch immer.

Die vergangenen fünfzehn Jahre habe ich dir gedient. Ich habe gepredigt. Ich habe den Leuten alles gesagt, was du mir aufgetragen hast. Wie oft habe ich mit meinen Predigten gerungen! Ich überlebte Kritik und wuchs daran. Viele sind durch mich ermutigt worden, den Weg des Glaubens zu gehen. Ich habe wie ein Bauer unermüdlich den Boden der Herzen beackert.

Ich bin ein «Krampfer» gewesen, ein Schaffer.

Begeisterungsstürme habe ich keine ausgelöst. Ich laufe nicht, und niemand läuft hinter mir her. Ich wandere stetig, Schrittchen für Schrittchen, und andere gehen mit. So sind wir vorangekommen.

Ich habe meine organisatorischen und strategischen Fähigkeiten eingesetzt. Am Anfang wollte ich kein Leiter sein. Jetzt, wo ich einer sein möchte, kann ich es nicht mehr.

Für die Kranken und Bedürftigen bin ich ein Hirte gewesen. Ich habe die Kranken besucht, den ans Bett Gefesselten aus der Bibel vorgelesen, mit ihnen gebetet und ihnen Lieder gesungen.

Ich war über meine Kräfte da, wenn man mich brauchte. Ich habe mich darum bemüht, der Pfarrer aller zu sein. Ich war gewissenhaft und geduldig. Ich bin meinen Überzeugungen stets treu geblieben. Dafür bin ich beschuldigt, aber auch respektiert und geachtet worden.

Mein Ja war ein Ja. Ich habe versucht, mich in meinen

schwächeren Gebieten zu verbessern. Nach Niederlagen habe ich weitergemacht.

Ich bin in einigen Bereichen nicht sonderlich erfolgreich gewesen. Aber ich habe alles in meinen Möglichkeiten Stehende getan. Ich habe mein Büro selbst bezahlt. Streit geschlichtet. Den Kopf hingehalten. Geputzt. Aufgeräumt. Daran bin ich gereift.

Ich habe zu viel Kraft verbraucht. Es schmerzt mich, dass meine Kräfte für die wichtigsten Leiterschaftsaufgaben nicht mehr ausreichten.

Ich habe es mit niemandem aus eigenem Verschulden verdorben. Die Beziehungen haben sich nicht abgenützt. Keiner hat mir charakterliche Mängel vorgeworfen.

Ich weiß, was ich geleistet habe und wo die Grenzen meiner Fähigkeiten liegen. Ich habe alles gegeben und kann nicht mehr. Jetzt brauche ich ein Wort meines Herrn, einen neuen Auftrag, wie Elia ihn bekam, oder eine Erneuerung meiner Berufung.

Nachdem ich Gott mein Herz ausgeschüttet habe, geht es mir ein wenig besser. Ich habe ihm meinen Fall vorgetragen und alles gesagt, was mir auf der Seele liegt. Jetzt will ich hören, was *er* mir sagt. Gott hat Elia eine Antwort gegeben. Jesus verspricht, dass die, die ihm nachfolgen, Gottes Stimme hören werden. Der Heilige Geist sprach zu den ersten Christen und leitete sie. Ich will das leise Säuseln des Windes hören, wie es bei Elia der Fall war. Und ich fürchte mich davor, dass Gott schweigen könnte.

8.
Tal der Entscheidung
(Der Pass)

Drei Tage lang habe ich damals meine Seele vor Gott ausgeleert. Ich habe nichts zurückgehalten. So wie ich dachte und empfand, so habe ich geredet. Ich habe das höfliche Beten hinter mir gelassen. Und *ehrlich* gebetet. Nicht schön, ehrlich. Wie auf einem Bazar habe ich mit Gott gefeilscht. Zuweilen bin ich laut geworden, dann wieder jammernd in mich zusammengesunken.

Nachdem ich Gottes Versprechen in meinem Tagebuch festgehalten hatte, habe ich sie ihm vorgehalten. Ich habe mitten in meinem Zimmer die Bibel Gott entgegengestreckt und ihm gesagt: *Das hast du alles versprochen! Löse es ein! Du musst mir helfen, du musst mir einfach helfen! Wie soll ich je wieder predigen und den Leuten sagen, dass sie sich auf dein Wort verlassen können, wenn ich nicht erlebe, dass es zutrifft?*

So habe ich dagestanden und habe die Bibel in Richtung Zimmerdecke gestreckt und mit Gott gerechtet. Es war keine Gebetstechnik, die mich zum authentischen Beten geführt hat. Es war pure Verzweiflung.

Zurück zum Val Müstair: Es ist Morgen. Wieder ein Tag wie aus dem Bilderbuch. Nach dem Frühstück habe ich einen einigermaßen klaren Kopf. Ich fühle mich seelisch ausgepowert. Ich habe Gott alles mitgeteilt. Jetzt habe ich nichts mehr zu sagen. Ich werde mich auf eine Wanderung der italienischen Grenze entlang Richtung S-charl machen.

Ich studiere die Wanderkarte. Der Weg steigt etwa zwei Stunden lang gleichmäßig an. Unterhalb des S-charl-Passes liegt auf zweitausend Metern Höhe eine Alp. Sie ist mein erstes Ziel. Dort will ich meine Brote essen und Pause machen. Wenn die Kräfte reichen, überwinde ich die letzten zweihundert Höhenmeter und bin oben auf dem Pass. Dann wende ich mich nach Westen und durchwandere die Hochebene in Richtung Lü. Danach steige ich wieder ab nach Müstair.

Wenn ich den Pass schaffe, brauche ich etwa weitere fünf Stunden, bis ich wieder im Kloster bin. Vielleicht bin ich aber zu müde und kehre auf der Alp wieder um. Das würde die Wanderung etwa um die Hälfte verkürzen.

Ich freue mich auf den Tag. Hinter dem Kloster steigen die Wiesen sanft an. Ich überquere die grüne Grenze nach Italien und wandere das gleichmäßig ansteigende Tal hinauf. Ich atme die unverbrauchte Bergluft ein. Ich bin müde. Darum gehe ich gemächlich.

Ich schweige. Zwischen mir und Gott ist in den letzten drei Tagen alles gesagt worden.

Ich bin leer. Doch es ist keine unfruchtbare Leere. Ich bin leer und bereit, gefüllt zu werden. Mein Inneres ist hellwach. Es ist schon eigenartig. In den vergangenen Jahren war ich oft körperlich ausgelaugt, aber meine Seele und mein Geist waren quicklebendig. So ist es auch heute. Ich wandere und öffne alle meine Sinne für Gottes Reden.

Während des Aufstiegs kommt mir Roger Federer in

den Sinn. Im Gästehaus steht ein Fernseher. Ich habe mir am Abend zuvor die «Sportlounge» im Schweizer Fernsehen angeschaut. Sie befasste sich damit, wie Federer es fertigbringt, jahrelang Höchstleistungen abzurufen. Es fasziniert mich, dass er sich nicht innerhalb von wenigen Jahren verbraucht hat. Er geht effizient und schonend mit seinen Kräften um, lässt auch mal ein Turnier aus und ersprintet nicht jeden Ball wie ein Besessener. Er tut alles sehr konsequent.

Das möchte ich auch. Ich will nicht nur zehn Jahre Spitzenleistung erbringen, sondern bis ins Alter meine Gaben für Gott und andere Menschen einsetzen können. Aber ich habe es nicht geschafft. Ich habe mich verbraucht. Ich habe den ersten Satz gewonnen und die nächsten zwei verloren. Ich stehe vor dem Aus. Noch zwei Punkte, und mein unsichtbarer Gegner hat Matchball.

Ich habe die Hälfte des Aufstiegs hinter mir. Ich höre nichts außer meinem Atem und dem Knirschen der Steine unter meinen Schuhen. Ich liebe dieses Geräusch. Wenn ich ein kleiner Punkt in einer großartigen Landschaft bin und die Zivilisation Meter um Meter hinter mir lasse, dann komme ich Gott näher. Das Störende fällt weg. Es ist, als käme ich mit jedem Höhenmeter dem Himmel näher. So habe ich es oft erlebt.

Es wundert mich nicht, dass in der Bibel Berge häufig Orte der Begegnung mit Gott sind. *Mein himmlischer Vater, du musst einfach zu mir reden! Du siehst meine Verzweiflung! Du siehst, dass ich eine klare Antwort auf meine Frage brauche!* Ich gehe gemächlichen Schritts weiter und lausche. Nichts als zusammenhangslose Gedanken.

Gegen Mittag komme ich auf der Alp an. Wie eine Natur-Arena tut sich die kreisförmige Ebene vor mir auf. Links und rechts geht das wenige Grün mit ansteigender Höhe in schroffe Felsen über. Die Sonne scheint vom blauen Herbsthimmel. Es ist Postkartenwetter.

Ein angenehmer Wind weht talaufwärts. Er treibt weiße, flaumige Blüten über die Ebene dem S-charl-Pass zu. Das Dunkelgrün der kleinwüchsigen Föhren, vor denen die weißen Blüten vorbeitanzen, wirkt wie eine Leinwand der Unversehrtheit. Die Alp scheint nicht mehr benutzt zu werden. Vielleicht sind die Bauern mit dem Vieh aber auch schon talwärts gezogen. Um diese Jahreszeit kann es auf dieser Höhe den ersten Schnee geben.

Ich bin alleine. Es ist wunderbar. Doch ich bin auch nachdenklich und lausche noch immer. Noch nichts gehört, nichts geschehen, kein Hinweis, keine Gefühlsregung der besonderen Art, kein Wort in meinem Ohr. Ich habe keine Ahnung, wie Gott reden wird und ob er es überhaupt tun wird. Wenn nicht plötzlich ein Transparent über den Talboden aufgespannt wird, auf dem steht, was ich tun soll – wie soll ich hier Gottes Weisung vernehmen?

Solche Zeiten sind ein geeigneter Nährboden für aufkeimende Zweifel. Und wenn es diesen Gott, dessen Antwort ich ersehne, gar nicht gibt? Seltsamerweise kommen mir solche Gedanken nicht in die Quere, sie schrammen nur kurz an mir vorbei. Ich habe die vergangenen drei Tage so heftig mit Gott gerungen, dass ich mir gar nicht vorstellen kann, in einen leeren Himmel geredet zu haben.

Ich setze mich auf einen Stein und packe meine Brote aus. Es gibt nichts Schöneres, als nach einer anstrengenden Wanderung herzhaft in ein reichlich belegtes Brot zu beißen und zu wissen, dass im Rucksack noch zwei weitere sind.

Während des Essens studiere ich die Wanderkarte. Ich bin zwei Stunden unterwegs gewesen. Der S-charl-Pass ist in Reichweite. In weniger als einer halben Stunde bin ich oben. Man kann ihn von hier aus gut sehen.

Ich merke, wie müde ich bin. Ich habe Kopfweh. Wie meistens beim Wandern. In meinem Portemonnaie habe ich immer ein Briefchen mit einem Pulver gegen Kopfschmerzen. Ich löse es im Wasser auf und trinke das Gemisch. Es schmeckt widerlich. Wahrscheinlich habe ich es zu lange mit mir herumgetragen.

Während ich weiteresse, studiere ich ununterbrochen die Karte. In mir entbrennt ein unüblich heftiger Kampf. Die Wanderung über den Pass und die Hochebene Richtung Lü führt nahe der Grenze des Nationalparks entlang. Es ist eine an karger Schönheit reiche Landschaft. Aber schaffe ich es?

Das Kopfweh geht nicht weg. Ist es besser, wenn ich umkehre? Es verwirrt mich, dass ich so heftig mit dieser Entscheidung ringe. So wichtig ist sie nun auch wieder nicht. Was ist los mit mir? Warum fällt es mir so schwer, umzukehren?

Plötzlich ist da ein Gedanke, der wie ein Blitz aus dem heiteren blauen Herbsthimmel einschlägt. In einem Augenblick formen sich sehr klare Überlegungen in meinem Kopf: Ich kann den Weg über den Pass nicht machen. Ich muss meine körperlichen Grenzen akzeptieren und den Weg zurückgehen. Der Entscheid ist gefallen.

Und dann geschieht das, was ich erhofft, erbeten und

erstritten habe. In diesem Moment wird mir klar, was die Entscheidung zu bedeuten hat und warum ich so heftig damit gerungen habe. Der Entschluss ist Sinnbild für das Ringen mit meiner Berufung. Ich muss die Grenzen meiner Kräfte akzeptieren und kann den Pass nicht machen. Genauso muss ich auch meine gesundheitlichen Grenzen akzeptieren und kann nicht mehr leitender Pfarrer sein. Das ist die göttliche Antwort.

Auf meinen Wanderungen habe ich mich regelmäßig an meine Grenzen oder darüber hinaus begeben. Genauso habe ich gelebt und gearbeitet. Immer hart an der Grenze und oft darüber hinaus. Heute muss ich mir eingestehen, dass der Pass zu viel ist, und genauso muss ab heute Schluss sein mit dem Überschreiten meiner Grenzen.

Mit diesen Gedanken, die sich in wenigen Sekunden abspielen, stellt sich die Gewissheit ein, dass ich meine Leitungsaufgabe abgeben muss. Es ist vorbei! Leise, aber klar und deutlich kommt diese Gewissheit zu mir. Sie bemächtigt sich meines Geistes und ist einfach Tatsache.

Ich packe meinen Rucksack und mache mich auf den Weg zurück. Langsam und sehr nachdenklich. Ich bin traurig. Einige Male muss ich innehalten. Ich beuge mich über meine Wanderstöcke und starre zu Boden. Bildfetzen von wichtigen Ereignissen der vergangenen fünfzehn Jahre ziehen an meinem inneren Auge vorbei. Ich muss weinen und lasse es geschehen.

In der Einsamkeit der Berge nehme ich Abschied von meinem Dienst. Es ist, als würde ein großes Stück aus meiner Seele herausgerissen. Ich gehe weiter und denke an so manche Episode, an manchen Kampf, an etliche

Niederlagen und einige Erfolge. Endlich kann ich loslassen.

Jetzt merke ich, wie ausgepumpt ich bin. Das Kopfweh nimmt zu. Mit jedem Schritt pocht es heftig hinter meinen Schläfen. Der Weg wird lang für meinen müden Körper. Noch eine Stunde. Noch eine halbe. Endlich bin ich wieder im Kloster. Ich trinke einen Kaffee und nehme zwei Kopfwehtabletten. Die Schmerzen lassen nach. Ich hätte den Pass an diesem Tag niemals geschafft.

Vor dem Abendessen ziehe ich mich in die Kapelle zurück. Dort, wo im Winter, wenn es in der unbeheizten Karolingerkirche zu kalt ist, die Schwestern ihre täglichen Andachten halten. Im Raum ist es völlig still. Ich halte die heutigen Ereignisse in meinem Tagebuch fest. Es ist wichtig, dass ich sie nicht vergesse. Ich präge sie mir ein, und während ich schreibe, durchlebe ich sie nochmals. Sie werden mein Leben verändern.

Ich werde dich noch loben, mein Vater, dass du zu mir gesprochen hast. Jetzt bin ich noch zu traurig dazu. Ich bin dir dankbar, dass du mein Flehen gehört und mir geantwortet hast. Ich habe erlebt, dass du deine Versprechen wahr gemacht hast, die ich dir im Glauben und in großer Verzweiflung vorgehalten habe. Ich habe dich gesucht und habe dich gefunden. Ich habe mit dir gerungen, dich bei deinem heiligen Willen gepackt, und du hast mir geantwortet. Ich danke dir.

Der nächste Tag ist so strahlend schön und warm wie die vorangegangenen. Ich fühle mich besser als gestern und beschließe, eine Ausfahrt zu machen. In St. Maria biege ich links ab auf die Umbrailpass-Straße. Bei offenem Sonnendach höre ich Lobpreislieder und singe kräftig mit. Heute kann ich Gott wieder loben! Es fühlt sich wie der Tag eins nach dem großen Ereignis an.

Kurz nachdem ich die italienische Grenze überquert habe, biege ich rechts auf die Stilfserjoch-Passstraße ein, und eine Stunde später bin ich in Bormio. Ich schlendere durch die Straßen, trinke einen Cappuccino in der Altstadt und schaue mir das Zielgelände des Skiweltcups an.

Dann fahre ich über einen weiteren Pass in das Zollfreigebiet Livigno. Wenn ich nicht in der Mittagszeit angekommen wäre, in der die Läden geschlossen sind, hätte ich eine Flasche «Disaronno» gekauft, einen Aprikosenkernlikör. Den gebraucht meine Frau für das beste Tiramisu auf der Alpennordseite.

Zurück im Schweizer Nationalpark, setze ich mich etwas abseits der Straße in ein Arvenwäldchen und genieße die Brote, die ich mitgenommen habe.

Ich habe viel Zeit, um nachzudenken. Fühlt es sich *so* an, wenn man Wimbledon gewonnen hat? Oder wenn die Geburt des ersten Kindes nach vielen Komplikationen gutgegangen ist? Ich bin immer noch nachdenklich, aber ich habe wieder begonnen, Gott zu loben. Ich konnte von Herzen in das Lied von Brian Doerksen einstimmen, dass Gott ein Fels ist. Habe es heute während der Autofahrt wohl vier oder fünf Mal abgespielt.

Jetzt bin ich wieder zurück im Kloster. Ich bin um eine tiefe Erfahrung reicher. Eine echte Psalmen-Erfahrung. Sie lehrte mich, aus verzweifeltem Glauben heraus zu beten, nichts als nackten Glaube in die Waagschale werfend. Es fühlt sich an wie eine Initiation. Es ist mir, als habe mich

Gott aufgenommen in den Kreis derer, die zu ihm geschrien haben. Und «er hat mich aus der Grube gezogen» (vgl. Psalm 40,3).

9. Hoffnung (Römerbrief)

Meine Rückschau geht weiter: Ein paar Tage zuvor bin ich aus dem Kloster zurückgekehrt. Ich lese wenig in der Bibel. Lesen verstärkt meinen Schwindel. Das Einzige, was ich mehr oder weniger regelmäßig anschaue, sind die Karikaturen auf der Frontseite des «Tages-Anzeigers». Die sind einfach gut.

Eines Tages stoße ich auf einen Text im Römerbrief, Kapitel 5, in welchem es heißt, dass Bedrängnis Ausharren bewirkt, Ausharren zu Bewährung führt und Bewährung zu Hoffnung. Der englische Baptistenpastor Charles Haddon Spurgeon (1834–1892), einer der bekanntesten Prediger des neunzehnten Jahrhunderts, schreibt dazu, dass die normale Reaktion auf Bedrängnis Empörung und Ungeduld seien. Nur Gottes Gnade bewirke in Bedrängnis, Leid oder Krankheit das Ausharren.

Das ist möglich, weil Ausharren ein Ausdruck davon ist, dass ich in der Bedrängnis in Gottes Hand bin und er die Bedrängnis zu einem Ziel führt, welches ich noch nicht kenne. Ich halte aus, ich harre aus und warte auf Gottes Eingreifen. Ich möchte sehen, wie er am Werk ist, wenn ich nicht mehr kann.

Ohne Gott bewirkt die Ungeduld, dass ich mich aus der Bedrängnis herauszuwinden suche. Ich probiere, sie so schnell wie möglich loszuwerden. Oder ich rede sie schön.

Ich lerne als Folge davon nichts aus der Bedrängnis, ich habe nur etwas Unangenehmes abgeschüttelt. Wenn das nicht gelingt und die Bedrängnis anhält, sind Enttäuschung und Bitterkeit die Folge. Und vielleicht ein Magengeschwür.

Mit Gottes Gnade aber führt Ausharren zur Bewährung. Das heißt, ich werde stärker in meinem Glauben und reifer als Persönlichkeit, weil ich aushalte. Ich erdulde nicht umsonst. Die Situation verändert sich nicht, aber *ich* verändere mich. Mein Glaube bewährt sich in der Feuerprobe. Ich mache eine Erfahrung, die mich lehrt, dass ich auch zukünftige Bedrängnisse mit Gottes Hilfe meistern werde.

Daraus ergibt sich die begründete Hoffnung – oder sogar Gewissheit –, dass ich erstarkt und für neue Herausforderungen gerüstet bin. Ich erlebe Gott, wie er mich im Ausharren stärkt oder wie er auf mein Beten antwortet und die Bedrängnis zum Ziel führt oder beendet.

Durch diese Erfahrung wächst aus der Bewährung Hoffnung im Sinne eines hoffnungsvollen Glaubens. Es ist ein Glaube, der hoffnungsvoll in die Zukunft blickt und alles von Gott erwartet.

Ein hoffnungsvoller Glaube ist das, was ich in den folgenden Monaten dringend brauche. Und ich merke, dass er da ist. Fast immer. Obwohl ich reduziert arbeite, verschlechtert sich allerdings mein Gesundheitszustand.

Am 23. Oktober, eine Woche nach meiner Rückkehr aus dem Kloster, erkläre ich vor der Gemeinde meinen Rücktritt als leitender Pfarrer.

Am 25. Oktober starten wir mit einem Jugendgottesdienst. Ich habe während meiner reduzierten Arbeitsfähigkeit das Projekt geleitet, das zu einer Neukonzeption unserer Jugendarbeit führte. Der Gottesdienst am 25. Oktober ist der Startschuss. Der Kaiserschnitt gelingt. Er hat aber auch seinen Preis für meinen Körper. Ich bin kaum in der Lage, die Predigt zu halten. Ich sammle meine verbliebene Restenergie und predige aus vollem Herzen.

Am 26. Oktober feiere ich meinen 44. Geburtstag. Eigentlich wollte ich meinen Vater und meine Geschwister einladen. Aber ich bin zu erschöpft und möchte lieber allein sein. Feiern können wir das nächste Jahr wieder – hoffentlich.

Zu diesem Zeitpunkt nehme ich bereits seit einigen Wochen rezeptpflichtige Schlafmittel ein. Eine deutliche Besserung der Schlaflosigkeit tritt nicht ein. Es folgt eine Serie von Untersuchungen im Universitätsspital Zürich. Die Ärzte raten mir, mindestens sechs Monate lang ein Antidepressivum einzunehmen, um meinem Schwindel etwas entgegenzusetzen. Das Mittel bewirkt eine leichte Besserung auf tiefem Niveau.

Hoffnung keimt auf, wird aber endgültig zerstört durch eine heftige Schwindelattacke im Frühling. Ich breche zusammen. Ich bin völlig erschöpft. Seit mehr als einem Jahr leide ich 24 Stunden täglich, sieben Tage die Woche an Schwindel. Ich kann nicht mehr arbeiten. Ich will auch nicht mehr. Ich kämpfe nicht einmal mehr an gegen meinen Schwindel. Ich erdulde ihn nur noch. Ich bin am Ende. Ich schaffe es aus eigener Kraft nicht mehr.

Teil II
Wer bin ich?

Wenn ich in den Ruinen meines Lebens stehe, ist der Blick zum Himmel frei. Ich habe gelitten, ja. Aber irgendwann erlebe ich, dass Gott die ganze Zeit da war. Und zu meinem 44. Geburtstag darf ich Fragen stellen ...

10.
Hat Leiden einen Sinn?
(Bonhoeffer)

Leiden lässt nachdenken. Leiden ist wie eine Dame in Schwarz, die zu Tisch gebeten sein will. So hat es der Schweizer Psychiater Carl Gustav Jung (1875–1967) ausgedrückt. Leiden ist eine Einladung zur Reflektion. Denn oft macht das Leiden gar keinen Sinn (so sehr wir auch nach einem solchen suchen).

Wer an Gottes Möglichkeiten glaubt, wer an seine Fürsorge glaubt und daran, dass er einen Plan mit unserem Leben hat, der leidet in seinem Leiden an Gottes Möglichkeiten, die dieser nicht einlöst. In seinem Innern tut sich ein Konflikt auf. Man lebt im Widerspruch zwischen Gottes Versprechen und der eigenen notvollen Wirklichkeit.

Atheisten und Agnostiker erleben diesen Zwiespalt nicht. Sie haben einfach schlechte Karten gezogen. Pech gehabt. Daran kann man verzweifeln, sich ärgern, wütend auf die Welt sein (und, falls es ihn doch geben sollte, natürlich auch auf Gott) oder das Beste daraus machen.

Leiden ergibt oft überhaupt keinen Sinn. Wir hätten so gerne eine Antwort von Gott. Wir würden so gerne sagen können, dass wir leiden *müssen*, damit dies oder das in unserem Leben geschehen kann. Doch diese Antwort bleibt meiner Erfahrung nach in der Regel aus.

Wie ein Vater die Hand des Kindes loslässt, damit es alleine laufen lernt, lässt Gott unsere Hand zuweilen los.

Dennoch ist er da. Er ist der unendlich Gegenwärtige. Wer lernt, Gottes Gegenwart zu vertrauen, der erlebt im Leiden Frieden und Gelassenheit. Frieden ist nicht die Abwesenheit von Kampf und Leid; Frieden ist Gottes Gegenwart.

Der Sinn des Leidens besteht manchmal nur darin, dass wir im Glauben an Gott stärker werden. Denn Glaube gedeiht am besten im Widerspruch zwischen Versprechen und Wirklichkeit.

So gesehen ist kein Leid sinnlos. Aber Gott schickt uns unser Leiden nicht, damit wir im Glauben wachsen. Niemand muss sagen, dass sein Leiden von Gott beabsichtigt und geplant war, damit er im Glauben stärker werden konnte.

Wer so denkt, macht Gott klein. Der Schöpfer könnte uns ja geradeso gut auf einer Bergwanderung mit einem atemberaubenden Sonnenaufgang beschenken, der so tief in unsere Seele dringt, dass wir nie mehr an seiner Güte zweifeln.

Nein, Leiden ist nicht nur ein Mittel zum Zweck. Und doch kann und soll Leiden zu einem stärkeren Glauben führen und dazu, dass unser Charakter geformt wird. Das wäre dann sozusagen ein Nebenprodukt des Leidens. Ein sehr wertvolles allerdings. Das wünsche ich mir für mich selbst.

Wenn wir in den Ruinen unseres Lebens stehen, ist der Blick zum Himmel frei. Wir erfahren Gott auf neue Weise. Dass diese Erfahrung gemacht werden kann, dafür braucht es zuweilen hartnäckigen Glauben, Trotz und Ehrlichkeit sich selbst und Gott gegenüber.

Und dann erlebt man irgendwann, dass Gott die ganze

Zeit da war. Er hat es uns zugetraut, dass wir das durchstehen. Er hat uns nie verlassen. Wir erleben etwas von seiner Gnade. So, wie sich das Wasser am tiefsten Punkt sammelt, so fließt Gottes Gnade in die Tiefen unseres Lebens.

Wir beginnen zu erkennen, wie Gott wirklich ist. Er behält auch in unserem unsagbaren Leid Recht. Er ist Liebe, selbst wenn wir es nicht verstehen. Wir beginnen *ihn* besser zu erkennen (manchmal erschrecken wir dabei, und manchmal freuen wir uns). Und wir beginnen *uns* besser zu kennen (dabei erschrecken wir oft, und manchmal freuen wir uns auch).

So ist es mir ergangen, als ich mir an meinem 44. Geburtstag in Anlehnung an Dietrich Bonhoeffers bekanntes Gedicht «Wer bin ich?» genau diese Frage stellte.

Wer bin ich?

Ein mit Krankheit Geschlagener,
dessen trister Zustand
sich seiner Seele zu bemächtigen droht –
und doch voller innerer Lebendigkeit ist,
aber nicht so sehr, weil ich der bin, der ich bin,
sondern wegen der Gebete meiner Freunde?

Wer bin ich?

Ein zu Boden Geworfener
aber nicht Vernichteter,
weil das, was wie das Ende aussieht,
bei Gott nicht das Ende ist?

Wer bin ich?

Ein von einem unsichtbaren Gegner Niedergerungener,
der zwischen Zweifel und Gewissheit schwankt
und in der Hoffnung vom Feld hinkt,
dass auch verwundete Kämpfer
noch siegen können?

Wer bin ich?

Ein auf bessere Zeiten Hoffender
und zugleich Bangender,
dass der gegenwärtige Zustand anhält
oder sich gar verschlimmert,
und in all dem
ein an Gottes Möglichkeiten Glaubender?

Wer bin ich?

Ein trotz dieses Glaubens
an Gottes Möglichkeiten Verzweifelnder,
weil Gott seine Möglichkeiten nicht einlöst,
und so ein auf Gott Hoffender
im Widerspruch
zwischen Verheißung und Wirklichkeit?

Wer bin ich?

Ein an der Ungerechtigkeit des Lebens Leidender,
der sich mit dem Gedanken anfreundet,
dass der Anspruch auf ein gesundes Leben

nur ein vermeintliches Recht
und nicht einforderbar ist?

Wer bin ich?

Ein körperliches Wrack,
am Ende meiner Kraft,
das erlebt,
wie Gott aus Schwachheit Stärke macht,
vielleicht weil ich mehr bete
und mir der Abhängigkeit von Gott bewusster bin,
vielleicht aber nicht einmal deswegen,
sondern nur,
weil es Gottes Art ist,
durch Schwachheit zu wirken?

Wer bin ich?

Ein am Leben Verzweifelnder,
der sich nach unbeschwerten Tagen sehnt
und dankbar ist,
überhaupt zu leben?

Wer bin ich?

Ein zur Untätigkeit Verurteilter,
der hofft,
dass in der ihm auferlegten Untätigkeit
Gott etwas an ihm tut,
so dass Untätigkeit
nicht Unfruchtbarkeit bedeutet?

Wer bin ich?

Ein in dieser Zeit der Untätigkeit
an der Unwiderbringlichkeit verrinnender Zeit Leidender,
bei dem das bloße Warten auf Gott
zum Akt des Glaubens wird,
im Vertrauen,
dass seine Zeit in Gottes Händen steht?

Teil III
Der Anfang

Ich möchte ein Baum sein, in dessen hellen Blättern sich die Sonne der Hoffnung spiegelt. Ich möchte meine Bestimmung erfüllen und Früchte tragen, die Gott ehren und meine Mitmenschen erfreuen. Ich setze meine Hoffnung darauf, dass das Ende meiner Kräfte der Anfang eines neuen Lebens ist.

11.
Zweite Lebenshälfte
(Marathon)

Es war eine schlimme Nacht. Gegen 2.30 Uhr erwachte ich. Es regnete in Strömen. Vom Dach der Klinik ergoss sich im Rhythmus der Windstöße, die von Westen durch das Tal fegten, Wasser auf eine Blechabdeckung, die wie ein Resonanzkörper wirkte. Das ziemlich ungewöhnliche Geräusch weckte mich auf.

Danach konnte ich kaum noch schlafen. Wieder Alpträume. Ich war in einem Haus und musste mich verteidigen. Von allen Seiten wollten Verbrecher eindringen, die Gewehrläufe hatten, die so groß waren, dass man ein Ei hätte hineinschieben können. Ich ging zum Angriff über und knallte sie alle gnadenlos ab. Als mir die Munition ausging, brachte ich den Letzten mit bloßer Muskelkraft zur Strecke.

Es ist immer das Gleiche. Ich fühle mich hundemüde. Es fehlt nicht viel, und ich schlafe ein. Aber ich schaffe es nicht. Dann kommen die Alpträume. Am Morgen bin ich völlig kaputt.

Als ich ein Kind war, verbrachte ich jeden Sommer zwei Wochen auf einer Kinderfreizeit im Berner Oberland. Es sind schöne Erinnerungen. Unbeschwerte Zeiten waren das. Ich war so glücklich, dass ich zwei Wochen lang kein einziges Mal an zu Hause dachte. Heimweh war mir so fremd wie eine Bypass-Operation.

Einmal kaufte ich mir das besagte Souvenir: eine Halbkugel aus Glas. Drinnen war eine Berglandschaft nachgeformt. Ich schüttelte das Ding und freute mich an umherwirbelnden Schneeflocken. Heute Morgen fühlt sich mein Kopf wie eine solche Halbkugel an. Ich muss meinen Kopf langsam bewegen, damit die Schneeflocken nicht aufgewirbelt werden.

Jetzt trinke ich wieder schluckweise meinen Orangensaft und schaue zum Fenster hinaus. Schreiben kann ich nur, weil meine Frau mir angeboten hat, das Manuskript zu korrigieren. Ich schaue zum Fenster hinaus in die Weite. Das hilft, wenn es mir schwindlig ist. Wahrscheinlich entlastet es die Sehnerven.

Während ich hinausblicke, fließen meine Gedanken in die Finger, und die bewegen sich wie automatisch über die Tastatur. Natürlich mache ich dabei viele Fehler. Aber weil meine Frau die Korrektur machen wird, kann ich wenigstens schreiben. Sonst würde ich nur dasitzen und warten, bis ich nachher am Morgen den ersten Termin habe.

Schreiben ist wichtig für mich. Wenn ich etwas niedergeschrieben habe, habe ich es begriffen (meistens jedenfalls). So muss ich schreiben, um mich intensiv mit meiner Lage und einem Ausweg aus ihr zu befassen. Schreibtherapie könnte man das nennen.

Drei Wochen sind seit meinem Eintritt in die Klinik vergangen. Es geht mir noch nicht besser. Der Schwindel hält an. Ich bin immer noch erschöpft. Gestern stand als letzter Termin auf meiner Tagesplanung «Vortrag über Burnout». Ich stellte die Frage, wie lange es dauert, bis man sich von einem Burnout erholt. Die Antwort: «Es dauert immer länger, als man denkt.»

Eine Faustregel gibt es trotzdem: Bei einem leichten Burnout können drei Monate Erholungsphase genügen. Bei einem mittelgradigen Burnout kann es bis zu einem Jahr dauern. Bei einem schweren Verlauf mit Depression können es mehrere Jahre sein.

Interessanterweise finde ich das ermutigend, denn vor einem Jahr habe ich meine Arbeitsbelastung reduziert. Seit drei Monaten bin ich gar nicht mehr arbeitsfähig. Es hat in dieser langen Zeit keine nachhaltigen Fortschritte gegeben. Das Gefühl, nicht mehr gesund werden zu können, ist phasenweise dominant. Es ermutigt mich, zu wissen, dass das normal ist. Dass es in meinem Fall Jahre dauern kann, bis nachhaltige Genesung einsetzt. Alles im grünen Bereich also, spreche ich mir selbst Mut zu.

Vor mir liegen nochmals zwei Wochen Klinikaufenthalt. Habe ich Fortschritte gemacht? Ich habe mehr Bewegung denn je in meinem Leben. Rund die Hälfte des Programms betreffen die Bereiche Kraft, Ausdauer und Beweglichkeit. Ich habe zwar noch kein einziges meiner überschüssigen Pfunde abgenommen, aber mein Körper ist sichtlich gestrafft.

Wie ein Teenager stehe ich täglich vor dem Spiegel und betrachte mich. Wenn ich mich bewege, sieht man, wie die Muskeln arbeiten. Die Übungen zur Kräftigung der Bauchmuskulatur absolviere ich jeweils doppelt. Durch die viele Arbeit im Sitzen sind meine Bauchmuskeln stark vernachlässigt. In einem Vortrag über Bewegung lernten wir, dass erschlaffte Bauchmuskeln zu Problemen im Lendenwirbelbereich führen. Was die Bauchmuskeln nicht tragen, belastet den unteren Rücken.

Nicht nur in Scuol hatte ich Probleme mit einem entzündeten Nerv im Lendenwirbelbereich. Das Problem tritt in Abständen von einigen Monaten regelmäßig auf. Sollte der Sommer doch noch kommen (es ist schon wieder unüblich kalt), kann ich wieder daran denken, ins Freibad zu gehen, ohne den Bauch einziehen zu müssen.

Aber es ist nicht nur Eitelkeit, die mich für das tägliche Training motiviert. Ich merke, dass es mir guttut. Seit zwanzig Jahren habe ich chronische Probleme im Brustwirbelbereich. Eine Krümmung der Wirbelsäule und ein Schiefstand der Achseln führt dazu, dass sich die Muskeln um die Wirbel verkrampfen und Schmerzen auslösen.

Im Kraftraum, der zwei Mal pro Woche auf dem Programm steht, geht es bei einem der Geräte darum, eine Last nach hinten zu ziehen. Ich sitze und halte meine Hände nach vorne gestreckt. Etwa so, wie wenn ich mit gestreckten Armen das Steuerrad des Autos ergreife. Nun ziehe ich das Steuerrad so nahe wie möglich an mich heran. Der Oberkörper bleibt in seiner Stellung. Bei dieser Übung lehnt man sich mit der Brust leicht gegen ein Polster, so dass man die Bewegung besser kontrollieren kann.

Als ich die Übung das erste Mal machte, wurde der Druck auf mein Brustbein sofort in den Brustwirbeln spürbar. Der Druck wurde auf den Rücken umgelenkt. Ich konnte die Übung nur mit Mühe und mit geringem Gewicht absolvieren. Unterdessen sind Brust und Rücken so weit gestärkt, dass ich das Gewicht verdoppeln konnte. Der Rücken schmerzt nicht mehr.

Ich habe also Fortschritte gemacht. Die Überzeugung wird mit jedem Tag stärker, dass sich diese Zeit auch für meine psychosomatischen Beschwerden wie Schwindel und Erschöpfung auszahlen wird. Phasenweise bin ich richtig glücklich, hier sein zu dürfen.

Es ist nicht nur der Leidensdruck, der mich motiviert. Es gibt noch etwas, das mich antreibt, die Zeit in der Klinik als Investition in einen gesünderen Lebensrhythmus zu betrachten. Es ist die zweite Lebenshälfte. Zwischen vierzig und fünfzig findet ein Umbruch im Leben statt. Es beginnt das, was wir die «zweite Lebenshälfte» nennen.

Ich bin überzeugt, dass diese Zeit die beste und fruchtbarste Periode unseres Lebens sein kann. In der zweiten Lebenshälfte ernten wir, was wir gesät haben. Wenn ich meinen Körper trainiere, werde ich im Alter gesünder sein. Wenn ich zu Beginn Liebe und Wertschätzung säe, werde ich am Ende Freundschaften ernten. Wenn ich in schwierigen Zeiten Gehorsam säe, werde ich einen starken Glauben ernten.

Die zweite Lebenshälfte ist die Zeit, in der uns Gott am stärksten gebrauchen kann und wir unsere Berufung leben können. Doch man wächst nicht automatisch in diese gesegnete Zeit hinein. Sie hat auch ihre Tücken. Man muss sich gut vorbereiten. Es geht ihr eine Umbruchphase voraus, die Chancen und Gefahren mit sich bringt.

Ich sitze wieder am Fenster und schaue dem Regen zu. Es ist Juni geworden. Das kalte Wetter hält an. Die Blätter der

Eichen sind kaum gewachsen. Die Stimmung ist trist. In mir arbeitet es. Ich muss mich der Herausforderung der vor mir liegenden Zeit stellen. Ich meinte, ich hätte mich gut auf die zweite Lebenshälfte vorbereitet. Jetzt wird mir bewusst, dass ich einige Bereiche sträflich vernachlässigt habe.

Es lässt sich in einem Bild zusammenfassen: Ich habe beim Marathon des Lebens ein zu hohes Tempo angeschlagen. Es rächt sich, dass ich zu wenig trainiert habe. Mein Geist ist fit. Aber mein Körper nicht.

Kurz nach dem zwanzigsten Lebensjahr beginnt der biologische Alterungsprozess. Wir verfallen langsam, aber sicher. Dem habe ich zu wenig Beachtung geschenkt. Ich habe das Tempo meinen Möglichkeiten nicht angepasst und zu viel auf einmal gewollt. Ich habe so viel Kopfarbeit geleistet, dass ich zu wenig Zeit hatte, mich körperlich fit zu halten. Mein Körper ist eine einzige Baustelle.

Ich bin am Ende meiner Möglichkeiten. Das Ende aber ist immer auch ein Anfang. Ich muss es schaffen, dass es mit der permanenten Überarbeitung ein Ende hat. Ich kann den Spannungszustand, in dem ich mich in den letzten zwei Jahrzehnten befunden habe, nicht länger hochhalten. Ich muss auch gar nicht. Ich brauche einen anderen Lebensrhythmus, einen des Ausgleichs zwischen Spannung und Entspannung, zwischen Denkarbeit und körperlicher Fitness, zwischen Leistung und Genuss.

Ich mache es mir zur Aufgabe, meinen Lebensrhythmus darauf zu untersuchen, wo ich aus dem Takt geraten bin. Ich muss streng mit mir selbst sein. Sonst bleibt es bei guten Vorsätzen. Ich weiß nicht, ob ich das überleben würde. Ich würde mich eines Tages einfach zu Tode gearbeitet haben. Ich will eine Roadmap erstellen, die mir einen Weg in die zweite Lebenshälfte weist, den ich noch sehr lange gehen kann.

12. Phasen eines Burnouts (Alfred)

Seit ich vom Weg eines gesunden Lebens abgewichen bin, ist viel Zeit vergangen. Ich habe eine lange Strecke zurückgelegt und die Orientierung verloren. Ich brauche eine Roadmap, um mich wieder zurechtzufinden. Zunächst einmal muss ich einiges über Burnout in Erfahrung bringen. Einer der Vorträge, die ich im Laufe der vergangenen drei Wochen gehört habe, befasste sich mit Burnout. Das gebündelte Fachwissen in verständlicher Form hat mir geholfen, besser zu verstehen, was mit mir nicht stimmt.

Burnout ist eine typische Begleiterscheinung unserer westlichen Leistungsgesellschaft. Es ist keine Krankheit, sondern betrifft an sich gesunde Menschen. Burnout steht für einen dauerhaften, negativen Zustand, der durch Ermüdung und abnehmende Motivation hinsichtlich der beruflichen Tätigkeit gekennzeichnet ist.

Burnout – das Gefühl des Ausgebranntseins – kann zu Krankheiten führen, ist selber aber weniger eine Krankheit als vielmehr eine Ansammlung von negativen Symptomen und Empfindungen. Es handelt sich um ein Phänomen, das ein komplexes Krankheitsbild beschreibt.

Im Krankheitskatalog ist Burnout weder in den Vereinigten Staaten von Amerika noch in Europa erfasst.

Streng genommen kann man also nicht an Burnout erkranken, aber man «hat» es dennoch.

Der Begriff wurde zum ersten Mal 1974 von Herbert Freudenberg benutzt. Er beschrieb damit den physischen und psychischen Abbau von ehrenamtlichen Mitarbeitern von Hilfsorganisationen.

Christina Maslach beschrieb 1982 das Burnout als typische Belastungsreaktion in sozialen Berufen. Es wird durch eine lang anhaltende berufliche Belastungssituation ausgelöst und kann jeden treffen.

Als Pfarrer bewege ich mich also in der Gefahrenzone. Besonders gefährdet sind soziale Berufe, in denen die Kontrolle der eigenen Gefühle nötig ist, wo eine ständige Interaktion mit Menschen stattfindet, eine gebende Rolle eingenommen wird und emotionale Arbeit verrichtet wird. Wenn dann noch Zeitdruck und eine hohe Verantwortung dazukommen, die Arbeit häufigen Unterbrechungen ausgesetzt ist und die Angst zu versagen oder die Stelle zu verlieren hinzukommen, steigt der Gefahrenpegel markant.

Darin kann ich mich problemlos wiederfinden. Als Pfarrer muss ich meine Gefühle oft kontrollieren. Ich bin ein Vermittler. Ich muss Kritik erdulden und mit Bedacht reagieren. Ich bin in ständiger Interaktion mit Menschen. Ich kann das Arbeitsstück aus Holz oder Metall nicht in eine Ecke schmeißen, wenn es misslungen ist. Ich arbeite mit Menschen. Überwiegend befinde ich mich in der gebenden Rolle. Meine Arbeit hat eine stark gefühlsmäßige Komponente. Eine Predigt ist ein emotionaler Kraftakt. Ich lege meine ganze Persönlichkeit, meine Überzeugung und meine Leidenschaft hinein. Nach dem Gottesdienst bin ich immer hundemüde. Das war schon so, als ich noch kein Burnout hatte.

Es wird mir bewusst, welch starke emotionale Anforderungen mit meiner Tätigkeit verbunden sind. Ich habe zerrüttete Familien begleitet. Ich habe kranke und alte Menschen begleitet und beerdigt. Einmal auch ein zweijähriges Mädchen. Ich habe Menschen seelsorgerlich beraten, die mit dem Leben nicht zu Rande kamen. Ich bin mitten in der Nacht ins Krankenhaus gefahren, um Leidenden beizustehen, und habe mehrfach meine Ferien für Notfälle unterbrochen.

Es tut mir in diesem Moment gut, zu wissen, dass diese emotionale Arbeit nicht «Peanuts» war. Es war Arbeit. Es war harte Arbeit, obwohl ich sie gerne gemacht habe.

Andauernde emotionale Anspannung erschöpft die psychischen Kraftreserven. Intensivpfleger haben statistisch gesehen ein hohes Risiko, ein Burnout zu erleiden. Unterdessen verwundert mich das nicht mehr. Sogar Lawinenhunde können an Burnout erkranken. Das ist kein Scherz, sondern wissenschaftlich belegt. Je häufiger ein Rettungseinsatz erfolglos verläuft, desto schneller leiden die Hunde an emotionaler Erschöpfung.

Das Beispiel mit den Lawinenhunden finde ich ganz passend für meine Tätigkeit. Es gab viele Rettungseinsätze, und nicht alle verliefen erfolgreich. Ich bin so etwas wie ein emotional erschöpfter Lawinenhund.

Wie verläuft ein Burnout? Die erste Phase ist die des «Eustresses». «Eu» ist eine Vorsilbe aus dem Griechischen und bedeutet «schön, gut oder angenehm». Mit Eustress wird der positive Stress bezeichnet, der stimulierend wirkt. Anforderungen werden dann als Herausforderungen empfunden, die man anpackt. Meistens ist mit dem Eustress ein Gefühl der Kompetenz verbunden. Ich kann etwas! Ich werde gebraucht!

Engagierte Mitarbeiter kennen Eustress und fühlen sich dabei nicht unwohl. Wenn ein Gefühl der Freiheit vorhanden ist, man also das Erreichen der Arbeitsziele selber gestalten kann, wirkt Eustress stimulierend.

Menschen mit vielseitigen Interessen und Begabungen bewegen sich nicht selten im Eustressbereich. Sie wechseln von einer Tätigkeit zur anderen. Sie sind häufig mit verschiedenen Projekten gleichzeitig beschäftigt. Bei solchen Menschen läuft immer etwas. In der Regel sind sie sehr leistungsfähig.

Ich bin zuerst einmal platt, dass es so etwas wie *positiven Stress* gibt. Ich vermute, dass es auch einen negativen Stress geben muss. Bestimmt wird mir das helfen, zu unterscheiden, welcher Art von Stimulation und Stress ich in den vergangenen Jahren ausgesetzt gewesen bin.

Die Eustressphase ist die Phase der Begeisterung und des Idealismus. Man gibt alles. Man ist glücklich, eine sinnvolle Tätigkeit verrichten zu können. Eustress ist nicht schädlich. Das *Maß* entscheidet darüber, ob der stimulierende Stress gesund oder ungesund ist.

Hier liegt das Problem. Der Mensch kann sein Motivationsniveau nur für eine gewisse Zeit hochhalten. Eustress versetzt uns in einen positiven Spannungszustand. Wenn dieser zu lange andauert, wird es ungesund. Ein Burnout hat seine Wurzeln also in einem Überengagement, das über lange Zeit aufrechterhalten wird.

Es wird mir bewusst, dass ich sehr lange im Eustressbereich gelebt habe. Zu viel des Guten, wie der Volksmund sagt. Ich bringe eine große Leistungsbereitschaft mit. Das liegt in der Familie.

Meine beiden Großväter haben enorm viel gearbeitet und Außerordentliches geleistet, sowohl was ihre Arbeit betraf als auch in sportlicher Hinsicht. Beide waren klein und kräftig, aber zäh wie eine Katze.

Alfred, mein Großvater mütterlicherseits, erzählte einmal, er sei in der Wirtschaftskrise zwischen den beiden Weltkriegen in der Westschweiz auf der Suche nach Arbeit gewesen. Er hatte kein Geld für den Zug. Also zog er zu Fuß mit seinen beiden Koffern von Dorf zu Dorf und suchte Arbeit. Als er in einer Schreinerei nach Arbeit fragte, sagte der Meister, er hätte keine. Das sei aber schade, meinte mein Großvater, damals ein junger Mann, nun hätte er den Weg von Yverdon vergebens gemacht. Yverdon liegt siebzig Kilometer von dem Dorf entfernt, in welchem mein Großvater nach Arbeit fragte. Er war siebzig Kilometer mit zwei Koffern in der Hand über Wege und Felder gegangen. Dem Schreinermeister fielen fast die Augen aus dem Kopf. Für einen solchen Gesellen hatte er Arbeit!

Mein Großvater liebte die Berge. In unserer Familie ist die Geschichte berühmt, in welcher mein Opa vor Tagesanbruch seine Skier auf sein Fahrrad band und von Zürich nach Elm ins Glarnerland radelte. Das sind auch rund siebzig Kilometer. Und das mit einem Fahrrad, das keine Gangschaltung hatte. In Elm fing der Spaß erst richtig an. Er spannte die Felle auf die Skier und bezwang den beinahe dreitausend Meter hohen Kärpf. Dort genoss er die

Aussicht. Und ich bin sicher, dass er Gott für diese wunderbare Schöpfung dankte. Dann nahm er die Felle von den Skiern ab, fuhr durch den Tiefschnee nach Elm hinunter und strampelte am selben Tag mit dem Fahrrad wieder zurück nach Zürich.

Auch mein Vater arbeitete viel. Nachdem ihm seine langjährige Anstellung in einem Baubetrieb gekündigt worden war, musste seine Stelle mit *drei* neuen Mitarbeitern besetzt werden.

Aus der Not heraus machte er sich selbständig. Nach der Scheidung meiner Eltern sorgte er aufopfernd für mich und meine fünf Geschwister. Er arbeitete zuweilen ganze Nächte hindurch und legte sich im Morgengrauen kurz aufs Ohr. Wenn ich während meiner Lehrzeit als Zimmermann in unserem alten Haus, das meine Eltern selbst umgebaut hatten, um 6.00 Uhr in die Küche hinunterging, leistete er mir Gesellschaft. War ich eine halbe Stunde später aus dem Haus, legte er sich nochmals kurz hin, bis die Nächsten aufstanden.

Mein Großvater, mein Vater und mein um ein Jahr älterer Bruder waren meine Vorbilder. Felix war schon früh ein richtiger Krampfer. Obwohl ich nicht viel jünger war, leistete er einiges mehr als ich. Bei den Schweizer Meisterschaften für Maurerlehrlinge belegte er den zweiten Platz, obwohl er ein Jahr zu früh antrat.

Und er konnte mehr essen als ich. Ich kann mich an das folgende Bild erinnern: Mein Vater und mein größerer Bruder sitzen in der Küche und essen nach getaner Arbeit Unmengen von Käse und Brot. Dieses Bild hat sich mir eingeprägt: Ein rechter Mann arbeitet und isst Käsebrot.

In meiner Familie gibt es eine starke und weit zurückreichende Leistungsbereitschaft. Diese habe ich übernommen. Sie steckt in unseren Genen und in unseren Köpfen.

Diese Prägung kam zum ersten Mal richtig zum Tragen, als ich in der theologischen Ausbildung war. Ich las viel, oft über den vorgegebenen Stoff hinaus, und lieferte meine Arbeiten pünktlich ab. Im Nachdiplomstudium wurde ich erstmals richtig gefordert. Ich nahm die Anforderungen eines akademischen Studiums als Herausforderung an. Ich stürzte mich in die Materie und legte 12-Stunden-Arbeitstage hin. Ich mochte Sport, sah aber keinen Sinn darin, die wertvolle Zeit des Studiums mit Bewegung zu verschwenden (ich könnte mich heute dafür ohrfeigen). Es kam, wie es kommen musste.

Nach einigen Monaten stellten sich heftige Schlafstörungen ein. Mehrere Wochen lang schlief ich gar nicht mehr. Im Rückblick war dies das erste Mal, dass ich meine Kräfte völlig überforderte. Getragen von einem stimulierenden Stress hatte ich weit über meine Grenzen hinaus gearbeitet. Offenbar lernte ich nichts daraus, sonst wäre ich jetzt, zwanzig Jahre später, nicht in der Klinik.

Wenn man aus einer Arbeiterfamilie kommt, in der Menschen mit zwei linken Händen zuweilen belächelt werden, stürzt man sich unbesehen auf die Berge von Arbeit, die sich vor einem auftürmen. Man stellt keine unnötigen Fragen, sondern beginnt, die Berge abzutragen. So geschah es, als ich Pfarrer wurde. Ich war damals dreißig Jahre alt und hatte schon ein klein wenig Erfahrung. Meine Kräfte waren noch unverbraucht. Damals tat mir noch nichts weh, wenn ich am Morgen aus dem Bett stieg.

Ich war schon als Kind und Jugendlicher wagemutig und habe immer alles ganz oder gar nicht gemacht. Als ich zwölf Jahre alt war, gingen wir in den Sommerferien ins Tessin zum Campen. Unsere Lieblingsbeschäftigung war das Schwimmen in den Flüssen. Da gab es wunderbare blaue Becken voller Wasser. Whirlpool natur.

Das Wasser war so kalt, dass wir am ersten Tag Krämpfe in den Waden kriegten. Danach gewöhnten wir uns an die Kälte. Ein Indianer kennt keinen Schmerz. Es gab Flüsse, die von hohen Felsen gesäumt waren. Von diesen konnte man in die Becken hinunterspringen.

Einer dieser Felsen war zehn Meter hoch. Ich war fasziniert davon, wie einige Erwachsene von da oben hinuntersprangen, und stieg ebenfalls hinauf. Es fühlte sich unglaublich hoch an. Ein Freund der Familie versprach mir fünfzig Franken, wenn ich einen Kopfsprung vom Felsen machte. Die Herausforderung ließ mich nicht mehr los. Ich war noch nie aus solcher Höhe gesprungen, nicht einmal auf die Füße. Ich hatte keine Ahnung, ob ich mich in der Luft um mich selber drehen würde, und auch nicht, ob ich mich stark genug vom Fels abstoßen könnte, um die tiefste Stelle des Wassers zu treffen. Schließlich sprang ich und bekam die fünfzig Franken. Das war so etwas wie eine Initiation am Übergang vom Kind zum Jugendlichen. (Davon, dass das Ganze eigentlich unverantwortlich von dem Erwachsenen war, will ich mal lieber schweigen.)

In ähnlicher Weise ging es weiter. Ich war ein wilder Skifahrer und liebte es, wenn ich zwanzig oder dreißig Meter durch die Luft segelte. In einem Skilager brachte ich es fertig, meine Ski zu brechen. Ein andermal musste ich zum Arzt, weil mein Rücken von den vielen Schlägen schmerzte. Ich bekam so etwas wie ein Stützkorsett. Am nächsten Tag machte ich weiter wie zuvor. (Ich könnte mich schon wieder ohrfeigen.)

Die bisher größte Anforderung stellte sich mir, als ich Pfarrer wurde. Die Aufgabe stimulierte mich. Ich empfand sie als herausfordernd und befriedigend. Ich setzte mich gerne für meine Mitmenschen ein. Der Gestaltungsspielraum war groß. Ideale Bedingungen für einen hohen Eustress-Level. Ich passte mein Arbeitstempo und meine Arbeitszeit den Anforderungen an. Es machte mir nichts aus, an fünf Abenden in der Woche Termine zu haben.

Ich leistete weit über fünfhundert Überstunden jährlich. Eine Möglichkeit zur Kompensation gab es nicht, und die wollte ich auch nicht. Wenn Feiertage wie Ostern oder Weihnachten waren, arbeitete ich im selben Rhythmus weiter. Die positiven Rückmeldungen der Gemeinde gaben mir ein Gefühl von Kompetenz.

Ich möchte das im Nachhinein nicht schlechtreden. Im Grunde genommen war nichts falsch daran. Aber auf Dauer konnte ich diese Intensität nicht aufrechterhalten. Das war mir damals allerdings nicht bewusst. Ich fragte nicht danach. Ich wollte meine Pflicht erfüllen. Mittelmäßigkeit war mir zuwider, und so ist es heute noch.

Nach etwa zwei Jahren waren die «Flitterwochen» vorbei. Für einige Leute, die mich bei meinem Amtsantritt mit viel Vorschusslorbeeren bedacht hatten, war ich eine Enttäuschung. Sie verloren das Vertrauen in mich als Pfarrer und begannen ihrem Unmut Luft zu verschaffen.

Ich wurde kritisiert. Unerfüllbare und sich teilweise

widersprechende Anforderungen wurden gestellt. Meine Predigten genügten nicht. Ich war zu offen für eine Theologie des Heiligen Geistes. Den anderen war ich in diesem Punkt zu verschlossen. Ich konnte tun, was ich wollte. Immer war jemand unzufrieden.

Diese Art von Stress nennt man «Distress». Er stimuliert nicht, er stranguliert. Er ist schädlich und macht krank. Für die nächsten drei Jahre bewegte ich mich fast ständig im Distress-Bereich. Es war eine schreckliche Zeit.

13.
Eustress und Distress
(Lago Maggiore)

Die zweite Phase des Burnouts ist der Distress. In diesem Abschnitt kommt es zu einem gesteigerten Einsatz für die Ziele der Firma oder Organisation, für die man arbeitet. Die Überstunden nehmen zu. Zum Gefühl der Unentbehrlichkeit gesellt sich nicht selten das Gefühl der Unfähigkeit. Alles fokussiert sich auf die Bewältigung der Arbeit. Wenn die Gestaltungsmöglichkeiten abnehmen, zeigen sich erste Anzeichen von Erschöpfung.

Werden die Ziele nicht erreicht – aus welchen Gründen auch immer –, treten Versagensängste auf. Die Zweifel an den eigenen Fähigkeiten nehmen zu. Man ist zunehmend verunsichert. Was früher Freude machte und einem leichtfiel, wird zur Last. Hält dieser Zustand an, beherrscht die Bewältigung des Arbeitsberges zunehmend das Leben.

Die Zeit für einen gemütlichen Abend mit Freunden fehlt. Während andere einen Ausflug machen und in einer Scheunenkneipe ein Bier trinken, sitzt man im Büro und arbeitet To-do-Listen ab. Die Zeit für Sport und Bewegung wird in dem Maß reduziert, wie die Arbeitslast wächst.

Oder man beschränkt sich darauf, Champions League zu gucken. Wenn die längste Strecke, die man zu Fuß zurücklegt, die vom Fernseher zum Kühlschrank ist, stehen die Zeichen auf Sturm. Wenn dann noch die Unfähigkeit, sich zu entspannen, dazukommt und Schlafstörungen auftreten, läuft man geradewegs in ein Burnout hinein. Das vegetative Nervensystem sendet Warnsignale aus. Das Immunsystem ist zu diesem Zeitpunkt bereits geschwächt. Der Grippevirus, der in der Gegend herumgeistert, schlägt mit großer Wahrscheinlichkeit zu.

Ich halte inne. Diese Burnout-Warnsymptomatik kommt mir bekannt vor. Ich muss an meine ersten Jahre als Pfarrer denken. An damals, als nach etwa zwei Jahren die Flitterwochen vorbei waren und heftige Kritik einsetzte. Ich habe mir meine Reaktion darauf bereits vergegenwärtigt. Ich empfand Druck, Ohnmacht, fühlte mich unverstanden und zum Sündenbock gestempelt. Tag und Nacht suchte ich einen Ausweg. Es war zermürbend und erniedrigend. Jetzt weiß ich, warum ich mich so fühlte. Es war die normale Reaktion eines gesunden Menschen.

Die widersprüchliche Kritik verunmöglichte mir eine Bewältigungsstrategie. Wenn es einen Weg zur Verarbeitung der Kritik gegeben hätte, wäre ich nicht in ein Burnout hineingelaufen. Aber jeder Fluchtversuch, jede neue Aktion, jede neue Initiative meinerseits war zum Scheitern verurteilt.

Es war wie beim Mühlespiel. Irgendwann sitzt du fest. In der Zwickmühle. Was man auch tut, man verliert bei jedem Zug einen Stein. Für mich war es kein Spiel. Es gab keine Möglichkeit zu sagen: «Du hast gewonnen», und nochmals von vorne zu beginnen. Also gab ich mir mehr Mühe. Suchte intensiv das Gespräch mit meinen Kritikern. Versuchte, ihnen entgegenzukommen. Es gab eine

Phase, da versuchte ich es allen recht zu machen. Das kannst du nicht. Das macht dich kaputt.

Es kam so weit, das ich aufgeben wollte. Ich fuhr für ein paar Tage in ein Gruppenhaus am Lago Maggiore (das Tessin scheint mein Fluchtdomizil gewesen zu sein). Eine wunderbare mediterrane Stimmung am Südfuß der Alpen. Gutes Essen. Angenehme Atmosphäre. Schönes Wetter und Palmen im Garten.

Ich konnte nichts von all dem genießen. Tag und Nacht kreisten meine Gedanken um eine Lösung des Problems. Ich war völlig depressiv, las zwei Mal den zweiten Korintherbrief durch und fand ein wenig Trost im Gedanken, dass es dem Apostel Paulus nicht besser ergangen war.

Aber das Problem löste sich nicht. Meine Kritiker (die es alle auf ihre Art gut meinten) verfolgten mich wie Nachtgespenster. Ich erinnere mich, dass ich eine Stunde lang mit Stefan telefonierte, meinem besten Freund in der Gemeindeleitung. Ich wollte aufgeben, sah einfach keinen Sinn mehr darin, noch weiterzumachen. Wenn *ich* weg wäre, dann wären die Probleme gelöst. Ich war ja das Problem!

Was er mir damals sagte, weiß ich nicht mehr. Er hatte wohl einfach Geduld und litt mit mir. Ohne das verständnisvolle Ohr meines Freundes hätte ich es dem Propheten Jona gleichgetan und das Ticket nach Tarsis gekauft. Im Lago Maggiore gibt es ja nicht so große Fische, dass sie einen verschlucken können. Und wenn schon. Es wäre mir egal gewesen. Einfach raus aus der Sache. Keine Kraft mehr. Keine innere Energie mehr, um meiner Berufung zu folgen. Distress pur.

Warum hielt ich damals eigentlich durch? Ich habe meiner Psychologin zu einer der ersten Sitzungen ein großes Blatt Papier mitgebracht, auf dem ich darstellte, wie ich funktioniere. Ausgelöst wurde es durch die Bemerkung von ihr, ich hätte ein enormes Tempo drauf. Das löste Widerspruch bei mir aus.

Ich hetze nämlich wenig, wenn ich arbeite. Aber ich arbeite und lebe sehr intensiv. Das war es. *Ich lebe intensiv.* Mache alles zu hundert Prozent. Und manchmal ein bisschen darüber hinaus. Sogar meistens. Ihre Bemerkung führte mich dazu, bis zur nächsten Sitzung über meine intensive Lebensart nachzudenken. Ich begann, die Dinge zu analysieren, schrieb alles auf und brachte ihr den Papierbogen mit. Auslegeordnung wie im Militär.

Eines der markanten Stichworte auf meinem Papierbogen war das Wort «Pflichtbewusstsein». Ich bin ein sehr pflichtbewusster Mensch. Man kann sich auf mich verlassen. Ich erfülle gerne die in mich gesetzten Erwartungen. Ich arbeite gerne hart für ein gemeinsames Ziel.

Von meinen Vorfahren habe ich die Bewunderung für eine hohe Prinzipientreue geerbt. Mein Großvater mütterlicherseits war im Zweiten Weltkrieg Korporal in der Schweizer Armee. Als er den Rekruten beibringen musste, wie man ein Bajonett in den Oberkörper des Feindes stößt, so dass man es auch wieder herausbekommt, bekam er einen Gewissenskonflikt und beantragte waffenlosen Dienst. Er kam umgehend vors Militärgericht. Der für seinen Fall zuständige Kommandant hasste ihn. Er war überzeugt, Korporal Aebi sei ein frommer Drückeberger.

Alfred aber wollte Militärdienst leisten. Das betrachtete er als seine Pflicht gegenüber dem Vaterland. Er hatte jedoch auch die innere Überzeugung gewonnen, ein Christ sollte keine Waffe tragen. Keine zehn Rosse hätten ihn von dieser Überzeugung abgebracht, nachdem sie einmal gefallen war. Auch die Aussicht darauf, standesrechtlich erschossen zu werden, nicht. Der Kommandant schleuderte ihm bei einem der Verhöre entgegen: «Ich werde Sie an die Wand stellen, Aebi!» Worauf Korporal Aebi, Gewehr bei Fuß, ruhig und klar antwortete: «Sie haben keine Macht über mich, wenn Gott sie Ihnen nicht gibt!»

Als man sah, dass Aebi nicht kleinzukriegen war, versuchte man es auf andere Weise. Er wurde vor den Kommandanten und den zuständigen Ausschuss gerufen. Es wurde ihm mitgeteilt, sein Gesuch sei abgelehnt worden. Wegtreten! Alfred meldete sich ab und schritt zur Tür.

Im Hinausgehen rief ihm der Kommandant nach: «Wohin gehen Sie, Korporal Aebi?»

Er drehte sich um und sagte: «Zurück zur Einheit, Herr Kommandant!»

Dieser war völlig konsterniert. Er war sich sicher gewesen, dass mit der Ablehnung des Gesuchs die Dienstverweigerung erfolgen würde. Ein Kommissar-Columbo-Trick sozusagen. Dann hätte er den Verweigerer zum Tode durch Erschießen verurteilen können, denn Dienstverweigerung in Kriegszeiten – darauf stand die Todesstrafe.

Der Ausschuss war derart beeindruckt von der Prinzipientreue meines Großvaters, dass er wenige Tage später in Ehren aus dem aktiven Militärdienst entlassen wurde. Mein Opa erzählte uns später, er hätte damit gerechnet, dass man ihn erschießen würde. Meine Mutter und ihre Geschwister wären ohne ihren Vati aufgewachsen.

Lieber sterben, als die eigenen Überzeugungen zu kompromittieren! Das war mein Großvater. Das steckt auch in mir. Pflichtbewusstsein. Aus Überzeugung handeln. Deshalb habe ich damals durchgehalten. Ich hatte eine Berufung zu erfüllen. Dieser musste ich unter allen Umständen treu sein. Ein Mann gibt nicht auf. Heute lernt er Löwen und Bären zu töten. Morgen ist Goliath dran.

Nicht alle Menschen reagieren auf belastende Umstände in gleicher Weise. Das liegt unter anderem daran, dass jeder seine Lage anders bewertet. Die subjektive Beurteilung der Situation entscheidet mit. Je nachdem empfinde ich die Belastung als tragbar oder nicht. Je nach Bewertung verbleibe ich in der Konstellation, weil ich sie als zumutbar erachte, oder ich versuche, sie zu beenden.

Ich habe meine damalige Situation aus der Perspektive meiner Berufung interpretiert. Als ich zwanzig Jahre alt war, hatten ich und meine Frau ein Berufungserlebnis, das unser Leben von einem Moment auf den andern umkrempelte. Ich bin aus Berufung Theologe geworden. Ich mag den Begriff zwar nicht besonders. Er klingt in meinen Ohren zu sehr nach akademischem Dünkel.

Theologen, das sind Leute mit zwei linken Händen, die den Ernst des Lebens nicht kennen gelernt haben, weil sie noch nie auf dem Bau oder an einem Fließband gearbeitet haben. Alles Vorurteile natürlich. Meiner Prägung wegen. Ich brauchte ein starkes Berufungserlebnis, das mich vom Zimmermann zum Theologen machte.

In der belastenden Situation als junger Pfarrer hätte ich

ohne das Wissen, von Gott berufen zu sein, nicht durchgehalten. Es wäre mir vernünftig erschienen, einen anderen Job zu suchen. Meine Berufung war ein Halt für mich.

Mit etwas Abstand betrachte ich die eigene Bewertung meiner Berufung aber auch mit einem kritischen Auge. Ich wollte meinen Auftrag erfüllen. Auf gar keinen Fall wollte ich Gott aus der Schule laufen. Das alles erachte ich immer noch als richtig. Aber: Ich habe mir in gewissen Situationen zu viel gefallen lassen, weil ich fürchtete, es mir durch ein Fehlverhalten meinerseits mit bestimmten Leuten zu verderben und dadurch meine Berufung aufs Spiel zu setzen. Ich hätte ja ohne weiteres von den Leuten abgewählt werden können, die das Vertrauen in mich verloren hatten. Ich sah es als meine Pflicht an, das zu verhindern.

Lieber der Schuhabtreter für alle sein (was so nicht stimmte, sich aber zuweilen so anfühlte), als durch unbedachte Äußerungen meine Berufung verspielen. Also deine Gefühle kontrollieren. Deine wahren Empfindungen verbergen. Jedermann Verständnis entgegenbringen. Denen sogar noch danken, die so «ehrlich» mit dir gewesen sind und dir gründlich ihre Meinung gesagt haben. Hinter allem das Gute sehen. Das habe ich versucht. Ich habe mich nicht verstellt. Ich habe mich einfach zusammengerissen. Das ist hochprozentiger Distress und macht auf Dauer so krank wie zu viel Alkohol.

An diesem Punkt ist eine Neubeurteilung meiner Werte notwendig. Ich habe meine Berufung nicht erst dann erfüllt, wenn ich allen Widerständen zum Trotz ausgeharrt habe und davon krank geworden bin. Ich muss nicht wie

Paulus «mehr arbeiten als sie alle», fünf Mal die Stockstrafe und drei Mal Schiffbruch erleiden, bevor ich sagen kann, ich hätte meine Berufung erfüllt.

Gott braucht Helden, aber nicht solche, die sich kaputtkrüppeln, bis sie in einer Klinik landen. Ein solcher Held möchte ich nicht mehr sein. Davon muss ich mich distanzieren. Ich bin dabei, eine andere Perspektive zu gewinnen: Ich möchte noch sehr lange meine besten Fähigkeiten für Gott und sein Reich einsetzen. Meine fruchtbarste Zeit steht noch vor mir. Das ist nur möglich, wenn ich meine Kräfte einteile.

Als ich gestern über diesen Punkt nachdachte, wurde mir bewusst, dass ich ein Held sein wollte. Ich wollte das Beste für Gott und sein Reich. Ich wollte ihn ehren. Ich wollte aber auch erfolgreich sein.

Wenn sich zwei Pfarrer treffen, ist unter den drei ersten Fragen mit Sicherheit die: «Wie groß ist deine Gemeinde?» Da muss ich mich doch fragen: Wo liegt da der Unterschied zum Erfolgsstreben eines Managers? Es gibt nur deren zwei: Pfarrer bekommen keine Bonifikationen ausbezahlt. Und es gibt keine goldenen Fallschirme.

Vielleicht bin ich wieder zu streng mit mir, aber ein Teil der Schuld liegt auch bei mir. Ich habe immer wieder versucht, mich vorm Erfolgsdenken zu hüten. Das habe ich mir in meinen Tagebüchern schon vor einem Dutzend Jahren gepredigt. Aber es ist nicht einfach, wenn deine Gemeinde nicht wächst, während andere sich vor neuen Besuchern kaum retten können. Es ist verflixt schwierig, wenn deine eigenen Gemeindeglieder dir mit einem Honigkuchenpferde-Grinsen eine Predigtkassette von anderen Pfarrern in die Hand drücken!

Vielleicht bin ich wirklich zu hart zu mir selbst. Vielleicht. Vielleicht auch nicht. Was ist ungeistlicher: Als Pfarrer eine erfolgreiche Gemeinde führen zu wollen, oder als Gemeindeglied in jene Gemeinde zu wechseln, die mir mein geistliches Birchermüesli nach meinem Geschmack zusammenstellt? Ich weiß es nicht.

Ich glaube, ich war ziemlich zynisch eben. Das erstaunt mich. Hätte nicht gedacht, dass ich beim Nachdenken über längst Vergangenes noch so empfinde. Es sollte mich jedoch nicht erstaunen. In der Klinik habe ich gelernt, dass Zynismus ein typisches Anzeichen eines Burnouts ist. Damit bin ich eigentlich schon bei der dritten Phase.

14. Ausgebrannt (Marcel)

Die dritte Phase ist die des eigentlichen Burnouts. Eustress führt zu einem Überengagement, das lange Zeit hochgehalten wird. Irgendwann ist das Honiglecken zu Ende, und dann kommt der Distress. Die ersten Warnsignale tauchen auf. Sie werden ignoriert. Fährt man fünf Mal bei Rot über die Kreuzung, kracht es beim sechsten Mal. Man fühlt sich ausgebrannt.

Ein Burnout wäre relativ einfach zu vermeiden, wenn es dem Blechschaden gleichen würde, der beim Überfahren einer Ampel entstehen kann. Das Schwierige an der Sache ist, dass es lange nicht kracht. Und wenn es dann kracht, ist es meistens zu spät. Der Zusammenbruch ist Tatsache. Ein Burnout ist eher mit einer wilden Autofahrt in einem unsicheren Gelände zu vergleichen. Man fährt über die eigenen Fähigkeiten. Der Wagen kommt ins Rutschen. Aber man hat die Grenze noch nicht erreicht. Das Gaspedal bleibt weiter unten. Das Steuer wird herumgerissen. Ist ja noch mal alles gutgegangen. Bis es dann «ein wenig» zu viel war und man von der Straße abkommt.

Es gibt nicht «das» Anzeichen für ein Burnout. Man kann dann von einem Burnout reden, wenn das Überengagement vom Verlust der Leistungsfähigkeit abgelöst wird und es zu einem reduzierten Engagement kommt. Weil man nicht mehr kann. Und in der Regel auch nicht mehr will. Man hat für etwas gebrannt, jetzt ist man ausgebrannt wie ein alter Ofen.

Mit diesem Zustand geht ein ganzer Cluster von Anzeichen einher: Die positiven Gefühle gegenüber der Arbeit und den Menschen, mit denen man zu tun hat, nehmen dramatisch ab. Es kommt zu einer negativen Einstellung gegenüber der Arbeit. Eine pessimistische Grundstimmung ist feststellbar. Die Situation wird als nicht mehr zumutbar empfunden. In der Regel ist sie das auch längst nicht mehr. Aber der Ausgebrannte nimmt es erst jetzt richtig wahr. Es kommt zu Tagträumen, Fluchtfantasien und Zynismus.

Ist die Phase des eigentlichen Burnouts erreicht, stellt sich nicht nur eine veränderte Einstellung zur Arbeit ein. Die Kräfte sind bereits so erschöpft, dass das gesamte Umfeld in Mitleidenschaft gezogen wird. Beziehungsprobleme verstärken sich. Man wird dünnhäutig. Es kommt zu vermehrten Konflikten. Ein sozialer Rückzug ist die Folge. Auch die intellektuellen Fähigkeiten sind betroffen. Die kognitive Leistungsfähigkeit befindet sich im Abbau. Konzentrationsstörungen treten auf. Motivation und Kreativität stumpfen ab.

Vor zwei Tagen lernte ich Marcel kennen. Wir hatten in derselben Gruppe Gymnastik. Wir kamen ins Gespräch. Er erzählte, er sei am Arbeitsplatz gemobbt worden, bis er zusammenbrach. Ich schätze ihn auf Mitte fünfzig. Da hat man schon mal Angst, keine neue Stelle zu finden, und harrt in der «beschissenen Situation» aus.

Je länger der Druck anhielt, desto mehr konzentrierte sich in Marcels Leben alles auf die Bewältigung der Krise am Arbeitsplatz. All seine physischen und psychischen Kräfte waren mit der Zeit erschöpft. Er wurde vergesslich, konnte sich an einfache Dinge nicht mehr erinnern und hatte manchmal das Gefühl, nicht mehr er selbst zu sein.

Eines Tages sagte er zu seiner Frau, er wolle sich auf Demenz untersuchen lassen. Eine üble Vorstellung in seinem Alter. Er ließ sich testen. Resultat negativ. Marcel war in keiner Weise dement. Er hatte ein Burnout. Alle Kräfte aufgebraucht. Ofen aus. Terminado.

Spätestens in dieser Phase des Burnouts treten massive psychosomatische Reaktionen auf. Der Körper sendet Warnsignale aus. Die roten Lämpchen gehen an. Unser Auto hat ein Symbol, das rot blinkt und ein akustisches Warnsignal abgibt für den Fall, dass ich nicht angegurtet bin. Das Signal hat einen so durchdringenden Ton, dass ich mich spätestens nach fünf Sekunden freiwillig anschnalle.

Der Körper reagiert in der Burnout-Phase in der gleichen Weise. Das Immunsystem ist geschwächt. Man wird häufiger krank. Schlafstörungen und Alpträume treten vermehrt auf. Beschleunigter Puls, erhöhter Blutdruck, Atembeschwerden, Muskelverspannungen, Rückenschmerzen, Verdauungsstörungen und Magen-Darm-Geschwüre gehören zu den am häufigsten auftretenden psychosomatischen Reaktionen von Burnout-Patienten. Alles rote Lämpchen.

Die meisten Burnout-Patienten kommen wie ich alles andere als körperlich fit in die Rehabilitation. Der Grund dafür liegt im Teufelskreis des Burnouts. In der Eustress-Phase beginnt die subtile Vernachlässigung der eigenen körperlichen Bedürfnisse. Man arbeitet so viel, dass keine Zeit für ausreichend Bewegung bleibt. Die Ausdauer leidet. Man wird schneller müde. Wenn es beim Sonntagsspaziergang ein wenig bergauf geht, gerät man außer Atem. Die Kraft nimmt ab. Die Gelenke werden nicht mehr genügend durch Muskeln gestützt. Die Folge sind Muskelverspannungen und Rückenschmerzen.

Veränderte Essgewohnheiten verstärken den Negativtrend. Um Stress abzubauen, wird mehr gegessen. Und auch häufiger zwischendurch. Der Konsum von Alkohol, Kaffee oder auch Tabak steigt mit dem anschwellenden Stresspegel. Ist der Teufelskreis einmal angelaufen, ist es schwierig, ihn zu stoppen: Wer an Gewicht zunimmt, bewegt sich weniger. Wer sich weniger bewegt, nimmt noch mehr an Gewicht zu.

Damit ist man nicht nur akut burnoutgefährdet. Übergewichtige Menschen haben ein deutlich höheres Risiko, an Diabetes oder Angina Pectoris zu erkranken, und sie erleiden deutlich öfter einen Herzinfarkt. Häufige Ursache der Übergewichtigkeit ist Stress. Dieser führt nicht nur zu einem Mangel an Bewegung, sondern erhöht auch die Gefahr von schlechter oder übermäßiger Blutgerinnung signifikant. Damit ist man auch Kandidat für einen Herzinfarkt.

In der langen Liste von Burnout-Anzeichen und psychosomatischen Reaktionen kann ich mich gut wiederfinden. Ich erinnere mich, wie ich beträchtliche Stimmungsschwankungen bemerkte. Jedenfalls im Vergleich zum «Normalbetrieb».

Ich bin nämlich ein ausgeglichener Mensch. Es braucht

einiges, um mich aus der Ruhe zu bringen. Das änderte sich mit zunehmender Anspannung. Unerwartet tauchten Emotionen auf, die ich an mir kaum kannte. Ich durchlebte zuweilen sehr pessimistische Phasen. Ich denke, dass es normale Reaktionen auf äußerst belastende Umstände waren. Entschärfte sich die Situation, hellte sich der Himmel in mir schnell auf. An Schlafstörungen und Schwindel leide ich bis heute am stärksten.

Wenn ich heute mit etwas Abstand die gehäuften Symptome betrachte, unter denen ich jahrelang litt, ist mir klar, dass ich mich schon sehr lange in dieser dritten Phase befunden habe. Wahrscheinlich haben mich Leistungsbereitschaft und Pflichtbewusstsein über Wasser gehalten. Dass ich so lange ausgehalten habe, hat die Sache in gewisser Hinsicht aber auch schwieriger gemacht. Hätte ich früher die Waffen gestreckt, wäre ich nicht so völlig ausgebrannt.

Aber eben. Man kann nicht «ein wenig» todkrank sein. Entweder man ist es, oder man ist es nicht. Aber man kann durchaus «ein wenig» an Burnout leiden. Die Übergänge zwischen den Phasen sind fließend. Sie dienen lediglich der Verdeutlichung, gerade weil Burnout wie ein trojanisches Pferd in dich eindringt. Du bemerkst es nicht. Die meisten Menschen haben ein wenig Rückenweh oder ein wenig Muskelverspannungen. Viele schlafen mal nicht gut. Jeder hat Stimmungsschwankungen, fühlt sich gestresst oder vergisst den Namen eines Nachbarn.

Weil die Anzeichen für ein Burnout sich schleichend verstärken, ist es so schwierig zu diagnostizieren. Es ist einfacher festzustellen, dass ich zu wenig Eisen im Blut habe oder ein Knochen gebrochen ist. Wie merkt man also, dass man burnoutgefährdet ist?

Leider merken wir es oft überhaupt nicht. Aber die Menschen um uns herum merken es. Der Ehepartner. Die Freunde. Die Kinder. Marcel erzählte mir, seiner Frau sei eines Tages der Geduldsfaden gerissen. Oder besser gesagt, sie machte sich so große Sorgen um ihren Mann, dass sie Maßnahmen ergriff. Sie hatte ihn mehrmals aufgefordert, zum Arzt zu gehen. Marcel ging nicht. Wie die Männer eben so sind. Eines Tages setzte sich seine Frau zu ihm und sagte: «Ich habe mit deinem Hausarzt telefoniert. Morgen hast du einen Termin.»

In meinem Fall war es nicht anders. Meine Frau predigte mir jahrelang, ich solle weniger arbeiten. Vor allem wies sie mich darauf hin, dass ich eine Betätigung suchen sollte, die mir Ausgleich und Entspannung verschafft. Aber wann halten Männer schon an und fragen, wo es durchgeht, wenn sie sich mit dem Auto verfahren haben – solange noch die kleine Chance besteht, alleine zurechtzukommen?

15. Pflicht und Kür (Roger Federer)

Im Eiskunstlauf gibt es die Pflicht und die Kür. In der Pflicht ist der Athlet an bestimmte Vorgaben gebunden. In der Kür ist er freier. Meine Arbeit als Pfarrer gleicht dem Pflichtprogramm. Ich habe viele Jahre lang wunderbare und spannende Zeiten erlebt. Die meisten Aufgaben mag ich.

In jedem Beruf gibt es Dinge, die man nicht gerne macht. In meinem waren es wenige. Das empfinde ich als Privileg. Das Bewusstsein, nicht irgendeinen Job zu machen, sondern meine Berufung zu leben, hat mir geholfen, auch die Dinge zu mögen, die mir nicht gut liegen.

Und doch: Pflicht ist Pflicht. Sie ist mit Erwartungen verbunden. Eigenen und fremden. Es gibt Erfolgsdruck. Es gibt Zeitdruck. Es gibt den Druck, die richtigen Entscheidungen fällen zu müssen. Dieser Druck kostet Kraft. Er kann angenehme Tätigkeiten in unangenehme verwandeln. Ich kann es drehen und wenden, wie ich will: Die Pflicht hat mich viel Substanz gekostet.

Es ist Zeit, dass ich mich mit der Kür befasse. Als Kür bezeichne ich meine Tätigkeiten, die nicht an ein Arbeitsverhältnis gebunden sind und die ich freier gestalten kann. Dazu gehört meine Tätigkeit als Dozent, Referent und Schriftsteller.

Während meiner Rehabilitation habe ich viel Zeit, die Auswirkungen der Pflicht auf meine Gesundheit zu reflektieren. Es ist mir klar geworden, dass ich viel schädlichem Stress (Distress) ausgesetzt gewesen bin. Es gab im vergangenen Lebensjahrzehnt aber auch viel positiven Stress (Eustress). Als Dozent, Referent und Schriftsteller habe ich tausend Ideen gewälzt und einige von ihnen gleichzeitig umzusetzen versucht. Ich habe intensiv gearbeitet, sowohl in der Pflicht als auch in der Kür.

Ist Eustress genauso schädlich wie Distress? Oder macht die Menge erst das Gift? Ich muss mich selbst unbedingt mit einigen Dingen konfrontieren.

Die erste Frage, die mir in den Sinn kommt, ist die nach der Quantität. Warum verrichte ich so viele Dinge gleichzeitig? Als Pfarrer muss ich das. Mein Radar dreht sich unaufhörlich.

Ich bereite eine Predigt vor. Das Telefon klingelt. Es kommt mir in den Sinn, dass ich heute noch den Auftrag für die Flyer der nächsten Predigtserie an die Druckerei geben sollte. Ich mache die Vorlage fertig. E-Mails checken. Weiter Predigt vorbereiten. Eine Traktandenliste für die nächste Teamsitzung zusammenstellen. Doodle-Eintrag für das Treffen des Projektteams nicht vergessen.

Die Arbeit eines Pfarrers ist nie getan. Ich verstehe Familienfrauen, die sich wünschen, dass einmal nichts los wäre. Wenn bei mir mal nichts los ist, dann sorge ich selber dafür. Ich schreibe an meinem nächsten Buch. Meistens bin ich an zweien oder dreien gleichzeitig. Parallel zu meiner Doktorarbeit habe ich mein erstes Buch herausgegeben. Von Gestaltung bis Lektorat alles selber gemacht. Daneben schreibe ich Gedichte. Halte Vorträge.

Unterrichte Theologiekurse an drei Institutionen. Begleite Studenten bei ihren Masterarbeiten.

Warum tue ich all das? Bin ich arbeitssüchtig? Bin ich angefixt und brauche jede Menge Eustress?

Ich habe Freude an Exzellenz. Das ist das Erste, was mir in den Sinn kommt. Lange wusste ich nicht, wie ich es ausdrücken sollte. Aber das ist es wohl. Ich habe Freude an exzellenten Leistungen. Egal auf welchem Gebiet. Wahrscheinlich bin ich deshalb von Roger Federer fasziniert. Bis er die Nummer 1 im Männertennis wurde, hat mich diese Sportart nie vor den Bildschirm gelockt. Bei Federer ist es anders. Er zaubert auf dem Platz. Aber das allein ist es nicht. Es ist seine Konstanz, die er durch Talent und zielgerichtetes Training erreicht hat.

Bei uns zu Hause begegne ich ab und zu einem Senior beim Joggen. Wahrscheinlich geht er auf die achtzig zu. Er scheint Probleme mit der Hüfte oder der Koordination der Bewegungen zu haben. Er schwankt wie ein Schiff hin und her, wenn er sich fortbewegt. Langsam, aber er bewegt sich vorwärts. Dass dieser alte Mann nicht aufgesteckt hat, fasziniert mich nicht weniger als Federers Leistung auf dem «heiligen» Rasen von Wimbledon.

Ein gutes Buch finde ich etwas ausgesprochen Schönes und Wertvolles. Ich bewundere es wie ein Kunstwerk, achte darauf, wie es in der Hand liegt. Bevor ich zu lesen beginne, schlage ich es auf, führe mir das Layout zu Gemüte und rieche daran. Jedes Buch duftet anders.

In der ersten Woche der Rehabilitation hielt der Chefarzt der Psychosomatik einen Vortrag über Angststörungen.

Es war kein Problem, ihm eine Stunde lang zuzuhören. So lange sprach er nämlich. Er vermittelte uns alltagsrelevantes Fachwissen in angenehm verständlicher Form. Und er brachte uns viel zum Lachen.

Ich genoss den Vortrag in vollen Zügen. Auch deshalb, weil er Deutscher ist. Die können einfach geschliffener reden als wir Schweizer. Ich wollte, ich hätte seine Ausdrucksweise für meine Vortragstätigkeit. Das gebündelte Wissen, das er für uns aufbereitete, war für mich ein Genuss, der mit dem Verzehr einer Schwedentorte zu vergleichen ist.

Meine Freude an Exzellenz treibt mich zu Höchstleistungen. Ist es Perfektionismus? Vielleicht. Vielleicht doch eher nicht. Mit Perfektionismus verbinden wir ein ungesundes Streben. Wenn es nicht perfekt ist, ist man nicht zufrieden mit sich selbst. Perfektionisten machen ihren Selbstwert an ihrer perfekten Leistung fest. Das tue ich nicht.

Wenn etwas sehr gut werden soll, dann aus Freude an Dingen, die nun mal sehr gut sind. An meinem ersten Buch habe ich zehn Jahre in der Freizeit gearbeitet. Den ersten Entwurf habe ich etwa ein Dutzend Mal überarbeitet und erweitert. Ich machte so lange weiter, bis ich den Eindruck hatte, dass es ein Buch von guter Qualität wird.

Ich verbringe die meiste freie Zeit während meines Klinikaufenthaltes im Gestaltungsraum. Beim Malen kann ich mich selbst beobachten. Es ist mir aufgefallen, dass ich eine oder zwei Stunden malen kann, ohne dass mir schwindlig wird. Lesen geht nach wie vor nicht länger als ein paar Minuten. Das erstaunt mich. Es scheint so, dass mein Gehirn beim Malen auf andere Weise beansprucht wird als beim Lesen. Dem möchte ich noch nachgehen.

Mein erstes Bild habe ich «Licht» genannt. Ich habe es weiter vorne schon einmal beschrieben. Vom linken oberen Bildrand scheint ein helles Gelb in geschwungener Form schräg nach unten, wird zu orange, zu rot und schließlich zu schwarz. Im Schwarz finden sich einzelne gelbe Striche. Gottes Licht scheint auch in der Dunkelheit. Das wollte meine Seele sagen, als ich den Pinsel führte.

Die Übergänge zwischen den Farben waren gar nicht so einfach hinzukriegen. Ich habe stundenlang daran herumgetüftelt und dabei die Zeit vergessen. Dreimal habe ich den mit meiner Frau Elisabeth vereinbarten Termin zum Telefonieren verpasst, weil ich zu lange im Gestaltungsraum war. Nur noch diesen Übergang etwas verbessern! Nur noch schnell diese Farbe etwas abgleichen! Ich konnte nicht aufhören. Das nervt mich! Ich schelte mich dafür.

Seit das Bild fertig ist, freue ich mich, dass es mir gelungen ist. Was meine Fähigkeiten betrifft, habe ich das Bestmögliche erreicht. Damit bin ich zufrieden. Ein anderes Bild habe ich fünf Mal übermalt, bis die Farbe so dick auf die Leinwand aufgetragen war, dass sie zu bröckeln begann. Ich musste das Bild samt Leinwand und Rahmen entsorgen. Das stört mich nicht. Ich habe es versucht, und es ist nicht gelungen. So ist es immer wieder im Leben.

Seit ich wegen des permanenten Schwindels nicht mehr lesen kann, ist mir bewusst geworden, dass ich einen fast unerschöpflichen Wissensdurst habe. Nicht lesen zu können ist für mich die Höchststrafe. So wie früher der Hausarrest. Wenn meine Mutter die magischen Worte sprach: «Heute Nachmittag hast du Hausarrest!», dann fiel ich innerlich zusammen. Sie wusste, dass es für mich nichts Schlimmeres gab, als nicht nach draußen gehen und herumtollen zu dürfen. So fühle ich mich, wenn ich nicht lesen kann.

Allein für meine Doktorarbeit habe ich etwa fünfhundert Monografien, Konferenzbände und Zeitschriften konsultiert. Zusammengerechnet habe ich monatelang nur immer gelesen und die Informationen zu meiner Dissertation verarbeitet. Ich liebte es! Ich hätte noch mehr verschlungen, wenn ich die Zeit und die Gesundheit dazu gehabt hätte. Das bedeutete jede Menge Eustress für mich.

Ich bemerkte die innere Anspannung gar nicht, die sich mit dem Lesen verband. Wie ein Jäger war ich auf der Suche, immer darauf gefasst, etwas Interessantes zu finden, das meinen Horizont erweitert und mir eine neue Perspektive bietet. Das ist spannend. Damit ist aber auch buchstäblich Spannung verbunden. Der Sympathikus ist aktiviert. Die Augen fliegen über die Zeilen. Das Schreibgerät liegt in der Hand. Der Kopf ist nach vorne gebeugt. Die Muskeln spannen sich. Und der Bauch wird schlaff. Das ist alles sehr anstrengend – sagte doch schon der weise Salomo, dass viel Studieren den Leib müde macht. Das habe ich bis vor einigen Monaten nicht geglaubt. Auch nicht wahrgenommen.

Als es mit dem Lesen nicht mehr ging, musste ich andere Wege suchen, um meinen Wissensdurst zu stillen. Es ist wie bei einem leidenschaftlichen Biertrinker. Wenn

Bier mit Alkohol nicht mehr drinliegt, dann eben alkoholfreies. Hauptsache Bier.

Meine Frau riet mir, mich nach Hörbüchern umzusehen. Gute Idee. Ich besorgte mir Auszüge aus Dietrich Bonhoeffers literarischem Werk, eine Zusammenstellung der klassischen Literatur und eine Hörbibel.

Fortan war ich oft zu Spaziergängen unterwegs. Stöpsel rein, iPod an, und los ging es. Mein Highlight war eine Sammlung von sechzehn CDs, auf denen Geschichte, Politik, Kultur, Religion und Wissenschaft von den alten Ägyptern bis zur Postmoderne dargestellt werden. Ich lernte, wie das mittelalterliche Lehnswesen funktionierte, warum es Ritter gab, was ein Minnegesang ist, welche politischen Auswirkungen der Dreißigjährige Krieg hatte, warum die Französische Revolution stattfand, was Absolutismus, Romantik und Klassik bedeuten und vieles andere. Das baut mich auf. Das spendet Energie. Das ist Kür für mich.

Nein, ich bin nicht arbeitssüchtig, das wird mir jetzt klar. Ich habe für gewisse Dinge einfach eine starke Passion. Etwa für Geschichte. Oder für soziale Gerechtigkeit. Oder für eine gesellschaftsrelevante Theologie. Ich möchte den Dingen auf den Grund gehen. Ich möchte wissen, warum die Welt so ist, wie sie ist, und wie sie sich ändern lässt. In diesen Bereichen fühle ich eine starke Leidenschaft. Und das führt dann immer wieder mal zu einem Arbeitsrausch.

Damit ist eine zweite Frage beantwortet, die ich mir stellen muss. Wie lebe und arbeite ich? Antwort: Intensiv. Leidenschaftlich. Gründlich.

Der amerikanische Autor Irving Stone beschreibt in der Biografie über Vincent van Gogh sehr eindrücklich das leidenschaftliche Malen von van Gogh selbst sowie von dessen angeheiratetem Vetter Anton Mauve. Stone zeichnet ein sehr eindrückliches Bild vom Innenleben eines Künstlers. Wenn Mauve malte, musste alles andere warten. Er malte leidenschaftlich, verrückt, besessen. Er schlief und aß kaum noch und verkroch sich in seinem Atelier. Es gab nur noch das Bild und ihn. War er fertig damit, erlosch das Interesse an seinem Werk. Er klappte zusammen, wurde krank, fieberte dahin. Wenn ihm einige Wochen später eine neue Idee kam, begann der Kreislauf von vorne.

Um mich steht es nicht so schlimm wie um Mauve oder van Gogh. Dennoch kann ich die beiden gut verstehen. Ich bin in ähnlicher Weise gefährdet.

16. Zwischenbilanz (Vuvuzela im Ohr)

Nun kann ich Bilanz ziehen. Wie steht es mit Stress in meinem Leben? Ich habe den Vergleich mit Pflicht und Kür verwendet. Der bekannteste Schweizer Eiskunstläufer kommt mir in den Sinn. Ich habe seinen Namen vergessen.

Eigentlich kann ich mir Namen sehr gut merken. Namen von Personen, Ortsbezeichnungen oder Jahreszahlen von Ereignissen wie den Olympischen Spielen bleiben wie angeworfen an mir haften. Die Olympischen Winterspiele 1972 fanden im japanischen Sapporo statt. 1976 gastierten die Olympioniken in Innsbruck. Die Männerabfahrt fand am Patscherkofel statt und wurde von Franz Klammer gewonnen. Die Patientin, die gestern im Gestaltungsraum eine bunte Katze bemalte, heißt Hanna Zimmermann. Ich habe ihren Namen ein einziges Mal zufälligerweise gehört, und schon ist er gespeichert.

Namen jedoch, die mir im Grunde genommen geläufig sind, vergesse ich. Meine Konzentrationsfähigkeit hat stark nachgelassen. Wahrscheinlich hat mein inneres System auf Sparflamme geschaltet.

Jetzt ist mir der Name des Eiskunstläufers wieder eingefallen. Stéphane Lambiel. Schon im Alter von 23 Jahren konnte er nur noch mit Schmerzmitteln Wettkämpfe bestreiten. Er hat seinem Körper zu viel zugemutet. Viele

Spitzensportler plagen sich mit Verletzungssorgen herum. Mit dreißig sind sie verbraucht.

Sport ist gesund, wenn man nicht gerade einen Bänderriss erleidet, an einem Ermüdungsbruch herumlaboriert oder verbotene Substanzen einnimmt. Falls ich mich jetzt über Spitzensportler lustig mache, sollte ich mir bewusst sein, dass es mich auch trifft. Ich bin in keiner Weise vernünftiger gewesen als Lambiel und andere Hochleistungsathleten.

Den belastenden Stress (Distress) habe ich früh bemerkt und ihn als solchen erkannt. Es war mir von Anfang an klar, dass diese Sorte Stress ungesund ist. Am meisten spüre ich diese Art von Stress, wenn ich Dinge tun muss, die nicht meinen Fähigkeiten entsprechen. Wenn mir jemand sagt, ich sollte ein Budget erstellen oder Zahlenreihen zusammenzählen, sinkt meine Motivation augenblicklich auf den Nullpunkt. Es ist, als würde mich eine Klapperschlange beißen, deren Gift in Sekunden wirkt. Bei Tätigkeiten, die meinen Fähigkeiten nicht entsprechen, nehme ich die Belastung sehr wohl wahr.

Mit dem Eustress verhält es sich anders. Ich habe kein Gespür für diese Art von Stress entwickelt. Beschäftige ich mich mit dem Schreiben eines Buches, spüre ich es nicht, wenn die Grenze der Belastung erreicht ist. Manchmal ist der Flow so stark, dass ich mitten in der Nacht erwache und für eine Stunde ins Büro gehe und schreibe. Ich bin ein Eustress-Junkie.

Ähnlich geht es mir, wenn ich eine Woche theologischen Unterricht erteile. Während der Woche geht es mir gut. Ich bin motiviert und engagiert. Das bisschen Müdigkeit wische ich weg. Ein Kaffee mehr am Nachmittag, und es ist zu machen. Ich kann das Motivationsniveau in dieser Zeit sehr hoch halten. Mein Adrenalinspiegel ist erhöht. Einspritzung sozusagen, damit der Motor mehr leisten kann.

Wenn ich wieder zu Hause bin, bin ich tagelang völlig erschöpft. In den ersten 48 Stunden nach der Beendigung einer starken Belastungsphase ist das Immunsystem weniger leistungsfähig. Der berühmte Ferieneffekt kommt zum Tragen. Kaum sind die Ferien da, wird man krank.

Man kennt das von Schauspielern. Wenn die letzte Vorführung durch ist, klappen sie in null Komma nichts zusammen, werden krank oder verfallen in eine Depression. Eustress-Junkies bemerken den drohenden Zusammenbruch nicht oder verdrängen ihn. In Gesprächen mit anderen Burnout-Patienten habe ich festgestellt, dass ich nicht allein bin mit diesem Phänomen.

Meine schlimmste Distress-Phase liegt schon etliche Jahre zurück. Damals ließen meine Kräfte und meine Motivation relativ schnell nach. Es scheint mir, dass nichts so Stress verursacht wie ausweglos scheinende Konflikte. Von dieser Konflikt-Phase habe ich mich wieder erholt. Seit sie überwunden ist, erleben wir in unserer Gemeinde gute Zeiten. Es gibt viel Menschlichkeit, Kreativität wird freigesetzt, Wertschätzung ist spürbar.

Damals hätte ich mir eine Auszeit nehmen sollen. Einfach mal ein paar Wochen erholen. Durchatmen. Das Vergangene hinter mir lassen und für den neuen Streckenabschnitt des Marathons neue Kräfte sammeln. Ich habe es nicht getan. Wahrscheinlich war ich zu pflichtbewusst. Vielleicht hatte ich auch unwillkürlich das Gefühl, es würde mir ein Zacken aus dem Krönchen fallen, wenn ich mir eine Auszeit nähme. Ich kann es nicht sagen. Gutgetan hätte es mir allemal.

Ein bestimmtes verkraftbares Maß an Belastungsstress ist natürlich geblieben. Das gehört zu meinem Job. Und weil ich diesen Job als Berufung empfinde, kann ich das problemlos akzeptieren. So weit, so gut.

Nun habe ich mir selbst aber durch meine Übereifrigkeit eine Unmenge Eustress gemacht. Beides zusammen war zu viel. Das ist die Bilanz, die ich ziehe. Ich habe nicht auf zwei Hochzeiten getanzt, sondern auf fünfen. Als Pfarrer habe ich eine Gemeinde geleitet, als Dozent an drei Ausbildungsstätten unterrichtet und Studenten begleitet, als Referent Vorträge gehalten, als Schriftsteller gleichzeitig an drei Büchern geschrieben und auch noch promoviert. Alles zur selben Zeit. Das war zu viel. Die Menge hat das Gift gemacht.

Eustress ist zwar nicht ungesund. Aber wenn man wie ich das gesunde Maß verliert, geht es an die Nieren. Es hätten irgendwelche andere Tätigkeiten sein können – zu viel ist zu viel. Ich hoffe sehr, dass ich das jetzt endlich begriffen habe.

Burnout-Patienten müssen lernen, auf die Signale ihres Körpers zu achten. Mein Tinnitus ist solch ein Signal. Ich muss nicht nur lernen, auf ihn zu achten, sondern ihn auch zu *nutzen*. Das hat meine Psychologin gesagt. Im ersten Moment hat mich die Wortwahl irritiert. Wie kann ich etwas nutzen, das lästig ist? Doch dann habe ich darüber nachgedacht und bin zum Schluss gekommen, dass sie Recht hat.

Ich kann meinen Tinnitus ignorieren. Das habe ich lange gemacht, und es hat mir nicht weitergeholfen. Ich kann darauf Acht geben, dass ich einen Tinnitus habe. Das ist schon besser, hilft aber auch nicht wirklich. Oder ich kann meinen Tinnitus nutzen, um meine Heilung zu beschleunigen oder zumindest nicht mehr in dieselbe Überforderung hineinzulaufen.

Bei der Fußball-Weltmeisterschaft in Südafrika boten neben den ewigen Verletztenlisten (Sport ist gesund), den Leistungen der Schiedsrichter (die sind immer ein Thema) und der Rolle von Fifa-Chef Sepp Blatter (dazu sage ich lieber gar nichts) hauptsächlich die Vuvuzelas Stoff für die Presse.

Gemeint sind die bunten Plastiktröten, mit denen die Fans in den Stadien einen ohrenbetäubenden Krach machen. Aus der Ferne erinnert das Geräusch an einen Hornissenschwarm. Aus der Nähe vernimmt es sich wie das Trompeten einer Elefantenherde. Zu nahe ist allerdings ungesund. Eine Vuvuzela übertrifft den Lärmpegel eines Presslufthammers bei weitem, macht mehr Lärm als ein Rockkonzert und erreicht den Krach eines startenden Düsenjets. Immer leicht über der Schmerzgrenze und weit über dem Grenzwert, der das Gehör schädigt.

Was das Wort «Vuvuzela» bedeutet, weiß man nicht so recht. Es könnte aus der Zulu-Sprache kommen und so viel bedeuten wie «in Musik duschen» oder «Krach machen». Letztere Bedeutung scheint der Realität näher zu kommen. Allerdings ist alles eine Frage des Geschmacks. Für die Südafrikaner ist es Kulturgut. Eine industrielle Variante von Hörnern der Kudu-Antilopen, mit denen südafrikanische Stämme vor Hunderten von Jahren ihre Treffen eingeleitet haben.

Für europäische Ohren sind Vuvuzelas ein Ärgernis.

Vuvuzelas sind tröööö trööö trööö tröööööööööööööö trööööööööö tröööö trööö tröö trööö tröö trööööööööööö trööööööööö tröö einfach nicht zu glauben, dass trööööö tröö trööööööö tröööööööööööööö trööööööö trööööööööö trööööööööööö trööööööö wenn man schon, dann trööööö trööööööööööööö tröööööööö trö trö trö trööööööö tröööö tröööööööööö trööööö könnte man mit Recht trööööööö trööööööööö tröööööööö trööööööö trööööööö trööööööö trööööö trööööööööööö trööö tröööö trööööööö trööööööö musste mal gesagt werden!

Damit bin ich wieder bei meinem Tinnitus. Ich habe so etwas wie eine Vuvuzela im Ohr. Gott sei Dank nicht so laut. Aber es nervt. Ich kann mich darüber aufregen. Wie über die Vuvuzelas. Ich habe allerdings auch die Möglichkeit, ihnen etwas Positives abzugewinnen. Zunächst einmal sei es den Südafrikanern überlassen, wie sie ihre Emotionen zum Ausdruck bringen. Sambaklänge in Brasilien. Vuvuzelas in Südafrika. Alkoholgeschwängertes Grölen in Europa. Jeder kann selbst entscheiden, was er für zivilisierter hält.

So betrachtet, kann ich in den Plastiktröten durchaus ein Kulturobjekt erblicken. Nicht so schön wie Mozarts «Kleine Nachtmusik», aber ebenfalls ein Ausdruck von Lebensfreude. Zudem ersäuft die Musikdusche so manchen überflüssigen Kommentar («Deutschland wird versuchen, das Spiel zu gewinnen») und regt dazu an, sich selber Gedanken über taktische Maßnahmen zu machen.

Vuvuzela ist Vuvuzela, und Tinnitus ist Tinnitus. Ich kann meine Vuvuzela im Ohr nutzen, um mir klar zu werden, wann der Arbeit für den Tag genug ist. Ich kann die

Vuvuzela im Ohr nutzen, um mir der Grenzen meiner Leistungsfähigkeit bewusst zu sein und Maß zu halten.

Ich kann die Vuvuzela in meinem Ohr nutzen, um zu erkennen, wann Zeit für Entspannung ist. Ich kann sie nutzen, um die Schmerzgrenze meiner Belastungsfähigkeit auszumachen und das Optimum aus mir herauszuholen, ohne meinen Körper zu überfordern.

Genau das will ich in Zukunft tun.

17. Experten (Universitätsspital Zürich)

Heute ist nach zwei Wochen Dauerregen endlich die Sonne zurückgekommen. Wunderbar ist das!

Der erste Termin war Atemgymnastik. Der Bewegungstrainer brachte uns einige Qigong-Übungen bei. Er erklärte, die Chinesen glaubten, jeder Mensch werde mit einem bestimmten Maß an Energie geboren. Durch den Alterungsprozess gehe diese allmählich verloren. Übrigens auch durch das Händeschütteln. Deshalb würden die Chinesen es vermeiden und sich verbeugen. Keine Ahnung, ob das 1,2 Milliarden Mal zutrifft.

Qigong besteht aus verschiedenen Körperübungen, die in etwa wie Morgengymnastik anzusehen sind. Nur werden sie langsamer und runder ausgeführt. Nach traditionellem chinesischem Verständnis sollen durch die Übungen die Energie der Erde und des Kosmos aufgenommen werden.

Ich habe die Übungen mitgemacht, mich innerlich aber von der Ideologie gelöst, die ihr zugrunde liegt. Meine Kraft sind der Vater, der Sohn und der Heilige Geist. Ich fand es ganz interessant, bei gewissen Übungen an eine biblische Wahrheit zu denken.

Eine der Übungen ging so vor sich: Ich stehe hüftbreit da, die Knie leicht gebeugt, das Becken in der Waagerechten. Ich führe die Handflächen vor dem Bauch zusammen, fahre mit ihnen bis auf Gesichtshöhe in der Mitte hoch und beschreibe einen großen Bogen nach außen, bis meine Hände sich wieder vor dem Bauch treffen. Etwa so, als würde ich einen sehr großen Ball streicheln.

Bei diesem Vorgang kam mir Psalm 139 in den Sinn, in dem es heißt: «Von allen Seiten umgibst du mich und hältst deine Hand über mir.» Ich empfand es als angenehm, die Wahrheit dieses Psalms körperlich auszudrücken. Es fielen mir noch verschiedene andere Bibeltexte ein, die man mit ähnlichen Körperbewegungen ausdrücken könnte. Es ermöglicht, zur gleichen Zeit zu beten, Beweglichkeit zu trainieren und in Gottes Gegenwart zur Ruhe zu kommen. Vielleicht werde ich zu Hause diese Art des Betens ausprobieren und meine eigenen Bewegungen dazu machen.

Letzte Nacht habe ich wieder miserabel geschlafen. Ich weiß, ich komme schon wieder mit diesem Thema. Es beschäftigt mich eben. Gegen 3.00 Uhr war es aus mit dem Tiefschlaf. Zum einen, weil sich mein Körper den Schlaftabletten angepasst hat. Es gibt einen Gewöhnungseffekt. Nach einigen Monaten lässt die Wirkung der Pillen nach. Ob das bei anderen Schlafmitteln als dem meinen auch der Fall ist, weiß ich nicht. Aber ich höre auch von anderen Burnout-Patienten, dass sie dasselbe Problem haben. Sie schlafen ein, erwachen aber nach ein paar Stunden wieder, obwohl sie völlig erschöpft sind. Ich nehme an, dass mein Sympathikus immer noch sehr aktiv ist.

Der Sympathikus ist der Teil des vegetativen Nervensystems, der meine Organe so steuert, dass ich aktiv sein kann. Wenn ich zum Beispiel vom Wecker aus dem Schlaf gerissen werde, schießt der Sympathikus Adrenalin in das System ein, und ich erwache.

Ich muss mich später ausführlicher mit dem vegetativen Nervensystem befassen. Ich will wissen, was in meinem Körper passiert, wenn ich gestresst bin. Ich bin neugierig darauf, zu erfahren, welche körperlichen Reaktionen in meinem Körper in den Jahren vorgegangen sind, in denen ich fast ständig in einer Wechselwirkung von Eustress und Distress gelebt habe.

So viel scheint klar zu sein: Mein Motor ist heiß gelaufen. Die Schlaftabletten wirken beruhigend auf mich, aber nicht für sehr lange. In der zweiten Nachthälfte lässt die Wirkung nach, und mein Motor dreht im Leerlauf weiter.

Die Ärzte in der Klinik ermuntern uns, zu «Experten» zu werden. Sie erklären uns Zusammenhänge, bündeln wichtiges Fachwissen in verständlicher Form und machen es uns durch Vorträge über Stress, Burnout, Angststörungen, Herzerkrankungen und andere Themen zugänglich. Wir sollten, sagen sie, so viel wie möglich über unsere Krankheit wissen und entsprechende Maßnahmen für ein gesünderes Leben ergreifen.

Das fällt bei mir auf fruchtbaren Boden. Ich bin ja neugierig. Nach den Vorträgen habe ich jeweils einige Fragen an die Referenten. Danach habe ich mir Zusatzinformationen aus dem Internet besorgt.

Bis heute hatte ich keine Ahnung von Schwindel. Außer dass ich seit Jahren fast ununterbrochen daran leide. Mit diesem Punkt möchte ich mich auch noch befassen und nicht nur Tabletten schlucken. In diesem Zusammenhang war ich gestern so richtig sauer auf die Ärzte. Das kommt selten vor. Ich fühle mich völlig neben den Schuhen.

Das kam so: Vor einem halben Jahr machte ich eine umfangreiche Schwindelabklärung im Universitätsspital Zürich. Und das Resultat: Nicht alle Funktionen meines Gleichgewichtsorgans funktionieren völlig einwandfrei. Die meisten aber schon. Aufs Ganze gesehen, sind meine beiden Gleichgewichtsorgane gesund und sollten funktionstüchtig sein. Jetzt kommt mir in den Sinn, dass ich das schon mal erzählt habe. Sei's drum. Wunderbar: Ich bin gemäß Krankenhausbulletin also gesund. Das Problem ist, dass ich mich nicht so fühle! Ich kann mich nicht horizontal auf ein Bett legen oder zur Decke hochblicken oder schnell den Kopf bewegen. Das alles löst akuten Schwindel aus. Von Fliegen, Bus fahren oder Trampolin springen ganz zu schweigen.

Der Arzt im Universitätsspital verschrieb mir ein Medikament gegen Depressionen. Ich hätte zwar keine Depressionen, sie hätten damit aber gute Erfahrungen bei Schwindelpatienten gemacht. Ich fragte, weshalb das so sei, und er erklärte mir, dass das Medikament die Abläufe in meinem Gehirn wieder «ordnen» würde. Irgendetwas in der Art.

Also nahm ich das Medikament, erbrach am ersten Morgen, lief zwei Wochen mit einem starken Druck im Magen in der Gegend herum, bekam häufiger Kopfweh, noch stärkere Schlafstörungen, Alpträume, war permanent müde und wurde impotent.

Ich erwähnte gegenüber meinem betreuenden Arzt in der Klinik, ich hätte das Antidepressivum wegen Schwindels verschrieben bekommen. Worauf er antwortete, das Medikament, welches ich nähme, wirke nicht gegen Schwindel. Ich muss ihn verdutzt angeschaut haben.

Lösung des Rätsels: Wenn bei Schwindelpatienten keine funktionelle Störung gefunden wird, gehen die Ärzte davon aus, dass der Patient eine Depression hat und verschreiben ihm ein Antidepressivum. Das große Übertölpelungsprogramm.

Das finde ich gar nicht lustig. Ich wurde gleich nochmals sauer, als der Arzt mir erklärte, der Wirkstoff meines Medikaments zeige sehr starke Einstiegs- und Entzugssymptome. Man müsse es in kleinsten Schritten über einen ganzen Monat hinweg wieder herunterfahren. «Ausschleichen» nennt man das. Ideal sei es, wenn ich jeweils etwa zehn Milligramm heruntergehe, diese Dosis drei Tage lang beibehalte, um erneut zehn Milligramm herunterzugehen, bis ich auf null bin.

Nun gibt es mein Medikament aber nur als 37,5-Milligramm-Tabletten. Das heißt: Die Schritte sind viel zu groß und lösen zahlreiche Beschwerden aus. Ich bin sauer auf die Pharmaindustrie. Warum können die nicht 10-Milligramm-Tabletten herstellen? Vielleicht, weil der jährliche Reingewinn von 3,3 Milliarden Euro auf 2,95 Milliarden sinken würde?

So, jetzt habe ich mich abgeregt. Heute habe ich mit dem Ausschleichprozess begonnen. Ich werde für einige Wochen wie ein Alchemist mit einem Küchenmesser an meinen Tabletten herumschnipseln und für die richtige Dosis sorgen. «Einfach nicht in die Finger schneiden», sagte der Arzt mit einem Lächeln.

Heute ist der erste Tag, an dem ich am *offenen* Fenster schreiben kann. Es ist 8.45 Uhr. Die Sonne ist hinter dem Bergrücken aufgegangen. Säntis und Altmann haben sich majestätisch in der Morgensonne präsentiert. Die scharfen Kontraste zwischen Sonne und Schatten geben diesem Morgen etwas Lebendiges und Erfrischendes. Es duftet nach Heu. Gestern haben die Bauern nach einer langen Unterbrechung wieder angefangen, die Wiesen zu mähen.

Rechts im Blickfeld meines Fensters segelt eine Krähe der Mitte zu und lässt sich auf der Wiese nieder. Ich höre Kuhglocken und Vogelgesang. Die noch ungemähten Wiesen sind voller gelber, weißer und violetter Tupfer. Die Unverbrauchtheit des Morgens und die Frische, die zum offenen Fenster hereinströmt, machen mich lebendig.

Ich freue mich auf den Tag. In einer Stunde ist Ergometer-Training. Danach Wassergymnastik. Die halbstündige Pause dazwischen will ich bewusst zum Entspannen nutzen. Vielleicht bin ich wirklich am Lernen, meinen Motor nicht von morgens bis abends voll zu beanspruchen. Ich bin zuversichtlich, dass ich es heute schaffe.

Im Nachhinein ist man immer gescheiter. Ich habe mich über die Ärzte aufgeregt (das kommt selten vor) und über die Pharmaindustrie (das kommt häufiger vor). Zahlreiche körperliche Beschwerden bleiben auch nach umfangreichen Abklärungen ohne hinreichenden organischen Befund. Darüber hat der Chefarzt der Psychosomatik heute in seinem Vortrag gesprochen.

Nach dem Vortrag musste ich mein hartes Urteil über die Ärzte am Schwindelzentrum abmildern. Ich bin während eines ganzen Morgens gründlich untersucht worden. Sie haben mir den Kopf hin und her gedreht und die Bewegungen gemessen. Etwas auf den Kopf gesetzt, das wie ein technisch weiterentwickelter Lorbeerkranz aussieht, und meine Augenbewegungen gemessen. Mich flach hingelegt, an zahlreichen Stellen verkabelt und meine Reaktion auf bestimmte Geräusche bestimmt. Das Resultat: Meine beiden Gleichgewichtsorgane waren funktionstüchtig.

Nun versuche ich mich in den behandelnden Arzt zu versetzen. Er hat alle ihm zur Verfügung stehenden Diagnosemittel ausgeschöpft. Der Patient hat «nichts», klagt aber über Schwindel. Seine Erfahrung als Arzt sagt ihm, dass ein großer Teil der Patienten, die ohne hinreichenden organischen Befund über Schwindel klagen, an Depressionen leiden. Also gibt er ihnen ein Medikament gegen Depressionen. Was sonst soll er tun?

In meinem Fall hätte ich es bevorzugt, wenn er mir reinen Wein eingeschenkt hätte. Aber vielleicht hätte ich das Medikament verweigert oder in Abrede gestellt, dass ich eine depressive Episode haben könnte. Also lässt sich der Arzt nicht auf Experimente ein, sondern verschreibt mir ein Antidepressivum.

Ich bin am Universitätsspital sozusagen in einer psychosomatischen Syndromgruppe gelandet. Ich leide an einer funktionellen oder somatoformen Störung. Das sind körperliche Beschwerden ohne hinreichenden organischen Befund.

Schwindel ist eine häufig auftretende somatoforme Störung. Bei Kopfweh, Brustwandschmerz, Weichteilrheumatismus und Problemen mit Magen oder Darm handelt es sich in über der Hälfte der Fälle um somatoforme Störungen. Das bedeutet, dass der Arzt bei jedem zweiten Patienten «nichts» findet. Mit sehr großer Wahrscheinlichkeit handelt es sich um psychosomatische Störungen, hervorgerufen durch Überlastung, Stress, Sorgen, Verlust von sozialen Bindungen und ähnlichen Dingen.

Die Ärzte haben es wahrlich nicht leicht. Zu den psychosomatischen Syndromgruppen zählen nicht nur die somatoformen Störungen. Es gibt außerdem die psychischen Störungen. Depressionen und Angstkrankheiten verschiedener Art werden diesem Begriff zugeordnet.

Dann gibt es Krankheiten mit starker psychosomatischer Komponente. Damit sind körperliche Erkrankungen gemeint, bei deren Entstehung und Verlauf psychosoziale Faktoren wesentlich beteiligt sind. Häufig auftretende Beschwerden dieser Gruppe sind Bluthochdruck, Magengeschwür oder Hörsturz. Schließlich gibt es die Gruppe der somatopsychischen Störungen. Dabei handelt es sich um Probleme, die bei der Anpassung an schwere somatische (körperliche) Erkrankungen wie Krebs, Diabetes, koronare Herzerkrankungen mit Infarkt (Herzinfarkt) oder einer Organtransplantation auftreten. So leidet beinahe die Hälfte aller Herzinfarktpatienten nach ihrer Erkrankung an einer depressiven Störung, die sie vorher nicht hatten.

In der Klinik habe ich eine Patientin kennen gelernt, die als Folge ihrer Krebserkrankung eine Depression erlitt und fünfzig Kilogramm an Gewicht zunahm.

Auch der Alterungsprozess kann zu somatopsychischen Störungen führen. Als ein Sohn noch Bauer lernte oder den Schuhmacherbetrieb des Vaters übernahm, waren Alter und Erfahrung wertvolle Ressourcen. In den meisten Berufen der Industrie und der Informationsgesellschaften ist das Wissen von gestern aber Schnee von gestern. Mein Großvater wusste nicht, was ein Notebook oder eine Homepage ist. Und seine Urenkelin weiß nicht, dass es Leute gibt, die nicht wissen, was ein Notebook oder eine Homepage ist. So schnell geht das.

Es ist nicht sexy, älter zu werden. Also lässt man sich die Haare färben, spritzt die Falten weg und nimmt potenzsteigernde Mittel. Keine Ahnung, wie Silvio Berlusconi ohne dastehen würde ...

Ehrlich gesagt, ich fühle mich schon ein wenig als Experte für Burnout und Psychosomatik. Natürlich bin ich das in keiner Weise. Ich weiß ja gar nicht, wie viele Beschwerden, Zusammenhänge und Therapieansätze es gibt. Ich habe jedoch begriffen, dass die Sache kompliziert ist. Ich staune darüber, wie der Schöpfer den Menschen geschaffen hat. Ich staune über die Kunst der Ärzte. Und ich bin erstaunt über mich selbst, dass ich mich nicht längst mit diesem Thema befasst habe.

Mit dem bescheidenen Wissen, das ich mir mittlerweile erworben habe, hätte ich gewisse Anzeichen früher erkannt und dann Gegensteuer geben können. Zuversichtlich macht mich, dass ich mit dem wenigen «Expertenwissen» jetzt gerüstet bin, in Zukunft einige Fehler nicht mehr zu begehen und gesünder zu leben.

18.
Heilung
(Propheten)

Am Wochenende kam Elisabeth zu einem Kurzbesuch. Am Samstagmittag endet die Therapiewoche. Der Nachmittag und der Sonntag sind frei.

Wir machten einen Ausflug nach Appenzell. Es tut mir gut, nach drei Wochen Klinikalltag für ein paar Stunden etwas anderes zu sehen. Die bemalten Häuserfassaden in der Einkaufsmeile zwischen Kirche und Landsgemeindeplatz sind wunderschön. Es gibt Kitsch zu kaufen, aber auch stilvolle Landhausmode, Schnitzereien, solides Möbelhandwerk und regionale Kunst. Und es gibt reihenweise Cafés mit feinem Gebäck. Obwohl ich auf Reduktion bin, habe ich mir ein Stück Grand-Marnier-Torte bestellt. Ich habe mir eine Genussinsel geschaffen. Es war herrlich!

Wir kamen ins Gespräch über meine Fortschritte. Ich erzählte Elisabeth, was ich in der Klinik lerne, dass ich meine Vergangenheit reflektiere und wie sich meine Einstellung zu Arbeit und Überengagement am Verändern ist. Dabei kamen wir auf das Thema Heilung zu sprechen.

Wir haben viele Freunde, die für uns beten, auch um meine Heilung. Vor einem Jahr, als sich meine Gesundheit rapide verschlechterte und die Ursachen nicht klar waren, beteten und fasteten viele aus unserer Gemeinde drei Monate lang. Es geschah nichts. Gott heilte mich nicht. Es gab kein übernatürliches Eingreifen, aufgrund dessen ich mit meiner Arbeit hätte fortfahren können.

Wir sprachen darüber, wie durch die Rehabilitation ein natürlicher Heilungsprozess begonnen habe. Wie ich am Lernen bin, gewisse Fehler nicht wieder zu begehen. Wie ich dabei bin, einen gesünderen Lebensstil zu entwickeln, der es mir ermöglicht, mit erhobenem Haupt über die Ziellinie zu laufen. Ich will nicht über die Ziellinie kriechen. Auch nicht bei Kilometer 32 aufgeben. Ich will den gesamten Marathon durchlaufen.

Auf einmal wurde uns klar, weshalb es Sinn machte – vielleicht sogar notwendig war –, dass Gott unsere Gebete um Heilung *nicht* erhörte. Hätte Gott mich durch sein Eingreifen geheilt, hätte ich nichts aus der Sache gelernt. Ich hätte weitergemacht wie bisher. Nach spätestens zwei Jahren wäre ich wieder am gleichen Punkt gewesen.

Wenn jemand an Niereninsuffizienz leidet, macht es «Sinn», dass Gott die Gebete um Heilung erhört. Denn sehr wahrscheinlich ist diese Person nicht krank geworden, weil sie ungesund lebte. Solche Dinge passieren in einer unvollkommenen Welt. Es ergibt hingegen keinen «Sinn», chronisch Überarbeitete zu heilen. Sie lernen nichts daraus und sind bald wieder so übel dran wie zuvor.

Hätte Gott mich geheilt, wäre ich gesund geworden. Aber ich wäre nicht gesund *geblieben*. Der Schöpfer führt mich den Weg der natürlichen Ausheilung. Ich lerne, was ich lernen muss, damit ich heil bleibe. Keine Abkürzungen.

Ich war wie andere Burnout-Patienten sehr uneinsichtig. «Solange es ging» mit der Arbeit, machte auch ich weiter. Wir sind nicht uneinsichtig, weil wir besonders widerspenstige Menschen wären. Im Gegenteil. Wir sind es, weil wir besonders engagiert sind. Wir sind den Rauchern nicht unähnlich. Raucher wissen, dass ihre Sucht krank macht. Dennoch machen sie weiter.

Ich habe in den letzten drei Wochen viele Herzpatienten kennen gelernt, die in der Klinik zur Rehabilitation nach einer Operation sind. Die meisten wurden aufgeschnitten. Eine Narbe vom Hals bis zum Magenansatz. Brustbein mitten entzweigeschnitten, Brustkorb aufgeklappt und am Herzen operiert. Fast alle sind entweder übergewichtig oder waren Raucher. Die meisten hören erst auf, wenn sie in der Klinik landen. Sie wussten, dass es nicht gesund ist. Jetzt ist der Leidensdruck so groß, dass sie aufhören damit. Und nach all dem, was sie in den Vorträgen hier über die Wirkung des Rauchens gehört haben, ist ihnen der Spaß endgültig verdorben.

Ich bin auch so. Nur war meine «Sucht» – das ist vielleicht ein zu hartes Wort – meine Arbeit. Erst jetzt, wo ich sehe, was es in meinem Körper anrichtet, findet ein Umdenken statt.

Über ein bestimmtes Ereignis habe ich bisher geschwiegen. Elisabeth und ich haben es nur mit einigen wenigen Freunden besprochen. Ich kann nicht mal sagen, weshalb. Nun möchte ich darüber schreiben. Ich bin ja ohnehin daran, mein ganzes Leben zu durchleuchten. Dazu gehört auch der Glaube an die heilende Kraft Gottes. Und auch der Umstand, dass Gott heilen *könnte*, es aber oft nicht tut. Das kann zu Verwirrung und enttäuschten Hoffnungen führen. In diese Kategorie gehört das folgende Erlebnis, welches wir sechs Wochen vor meinem Klinikaufenthalt hatten.

Es geschah an jenem Tag – es war ein Sonntag –, an dem ich physisch und psychisch zusammenbrach. An diesem Tag wurde der neue leitende Pfarrer in unserer Gemeinde eingesetzt. Meine Arbeit der vergangenen fünfzehn Jahre hätte in diesem Gottesdienst verdankt werden sollen.

Mein Zustand hatte sich bis Sonntag so verschlechtert, dass ich nicht am Gottesdienst teilnehmen konnte. Am Nachmittag brach ich zusammen. Elisabeth und ich waren wie gelähmt. Alles konzentrierte sich darauf, wie wir die nächsten sechzig Minuten überstehen würden. Wir waren völlig deprimiert. Alle Kraft draußen. Alle Hoffnung wie abgestorben. Wir waren so sehr auf den Moment fixiert, dass wir nicht einmal auf die Idee kamen, einen unserer Freunde anzurufen.

Es steht mir noch deutlich vor Augen: Wie Karnickel in Angststarre hocken wir zu Hause. Ich habe gerade meinen Job verloren. Zu kaputt, um ein Dankeschön entgegenzunehmen. Keine Ahnung, wie es jetzt weitergehen soll. Und niemand meldet sich. Kein Anruf. Kein Laut von außen. Keine Ermunterung. Ich liege auf dem Sofa im Wohnzimmer und kann nicht mehr aufstehen.

Am späten Nachmittag bringe ich die Kraft auf, meiner Frau zu sagen, sie möge den Hausarzt und die Gemeindeleitung anrufen.

Es dauert keine halbe Stunde, und alle sind sie da. Umarmungen. Erklärungen. Tränen. Anpassung der Medikation. Ein Händedruck.

Ich kann nicht aufstehen. Nicht einmal den Leuten in die Augen schauen, weil es mir so schwindlig ist. Noch einmal ein Händedruck von Freunden. Alles, was wir in den verflossenen fünfzehn Jahren gemeinsam erlebten, ist in diesem Händedruck enthalten.

Die Angststarre löst sich. Am nächsten Tag schlagen die Medikamente an. Es geht besser.

Am Mittwoch ein Anruf. Eine Person aus der Gemeinde meldet sich und sagt, sie möchte bei uns vorbeikommen. Sie sagt nicht, warum. Meistens frage ich nach dem Grund eines Besuches. Vielleicht ein pfarrealer Reflex. Ich möchte mich auf die Begegnung vorbereiten.

Dieses Mal frage ich nicht. Ich habe den Eindruck, ich sollte es auf mich zukommen lassen. Dass es im Zusammenhang mit meiner gesundheitlichen Situation steht, davon bin ich überzeugt. Am Abend ist die Person da.

Sie erzählt uns: «Am Sonntag während des Gottesdienstes habe ich Gottes Stimme gehört. Er sagte mir, ich solle zu Roland gehen, für seine Heilung beten und ihm sagen, dass er morgen um diese Zeit gesund sein wird.»

Ich weiß gar nicht, was ich sagen soll. Etwas zwischen «Puh!», «Wow!» und «Halleluja!». Dann lassen wir uns erzählen, wie dieses Hören auf Gottes Stimme zustande kam.

Wir erfahren Interessantes: Dass diese Person schon öfter Gottes Stimme hörte und das Gehörte dann eintraf. Dass sie diese Stimme vernahm, als die Gemeinde für unsere Gesundheit betete. Und dass sie eigentlich am Sonntag hätte kommen sollen, sich aber nicht getraute, mir als Pfarrer eine Botschaft von Gott zu vermitteln. Aus all dem hören meine Frau und ich Demut und Hingabe an Gottes

Willen heraus. Es gibt für uns keinen Grund zu zweifeln, dass Gott tags darauf um diese Zeit eingreifen wird.

Am nächsten Tag rufe ich meinen besten Freund in der Gemeinde an und sage ihm, dass ich heute geheilt werde. Seine erste Reaktion war auch so etwas wie «Wow!» oder «Halleluja!». Ich erzähle ihm, was sich zugetragen hat. Er freut sich mit und ist mit uns zusammen gespannt, wie der Tag verlaufen wird.

Am Abend ziehe ich mir ein neues Hemd an. Zu einem besonderen Moment soll man entsprechend gekleidet sein. Elisabeth und ich setzen uns ins Wohnzimmer, singen Lobpreislieder und beten. Ich bin sicher, dass ich an diesem Abend geheilt werde. Ich weiß nicht, wie es passieren wird. Unmerklich? Werde ich etwas spüren? Wird es «Ping» machen?

Gegen 21.00 Uhr gehen wir nach draußen für einen Spaziergang. Es hat sich noch nichts Wahrnehmbares verändert. Vielleicht muss ich einfach im Glauben den ersten Schritt machen? Gute Idee. Ich mache einen Purzelbaum.

Das hat seinen Grund. Etwa zehn Jahre zuvor war ich bei einem Neurologen wegen meines Schwindels. Er untersuchte mich und sagte dann, ich hätte starke Vermeidungstendenzen an den Tag gelegt. Meine Gleichgewichtsorgane seien es nicht mehr gewohnt, auf Reize zu reagieren. Ich müsse die «Software umprogrammieren», dann würde sich der Schwindel bessern. Er riet mir, Purzelbäume zu schlagen.

Purzelbäume schlagen ist für mich etwa so schlimm wie – na ja, ich weiß auch nicht. Es löst ein akutes Schwindelgefühl aus. Allein die Vorstellung bringt mich ins Schwitzen.

Ich mache an diesem Abend das erste Mal seit mehr als einem Jahrzehnt einen Purzelbaum. Schwupps!

Ich stehe wieder. Es wird mir fürchterlich schwindlig. Nun, einen Versuch war es immerhin wert. Ich bin erstaunt, dass ich die Sache derart gelassen nehmen kann. So neigt sich der Tag dem Ende zu. Ich gehe mit dem Gedanken zu Bett, dass es noch zwei Stunden bis Mitternacht sind. Vielleicht heilt Gott mich um 23.59 Uhr im Schlaf?

Der nächste Morgen bricht an. Nichts hat sich verändert. Das Aufstehen bleibt eine Qual. Der Tag ist so schlecht wie jeder andere.

Bis heute ist «nichts» geschehen. Jedenfalls nicht das Erwartete oder Geglaubte oder Erhoffte. Das «prophetische Wort» ist nicht eingetroffen.

Lag es an meinem Glauben? Nein, da bin ich mir sicher. Ich habe mit Gottes Eingreifen gerechnet. Ich habe ihm im Voraus gedankt, dass er seine Hand ausstrecken und mich gesund machen wird. Ich habe den Freund angerufen und gesagt, dass ich geheilt werde, weil ich einen Schritt des Vertrauens tun wollte. Hat die Person, die zu uns kam, nicht richtig gehört? Oder das vermeintlich Gehörte falsch interpretiert? Ich habe keine Ahnung.

Das Erstaunliche ist, dass mich die Sache zwar verwirrt, aber im Glauben sogar gestärkt hat. Ich habe einfach akzeptiert, dass wir gewisse Dinge nicht (immer) verstehen. Und zu diesen Dingen gehören Gott und sein Handeln. Er ist und bleibt der Unergründliche. Er muss sein Handeln oder sein Schweigen nicht rechtfertigen. Das kann ich erstaunlich gut akzeptieren.

Ich fürchte im Geheimen, meine Frau könnte daran zerbrechen. Immer wieder sage ich Gott, dass ich wohl mit der entstandenen Verwirrung leben könnte. *Aber meiner Frau kannst du das nicht antun, mein Gott!* Doch auch sie kann damit leben. Das muss Glaube sein. So etwas wie ein Urvertrauen, gewachsen durch viele gemeinsame Erlebnisse mit Gott.

Bis heute weiß ich nicht, wie die Sache einzuordnen ist. Eines aber weiß ich: Es ist nie falsch, wenn ich mein Vertrauen auf Gott setze. Offenbar traut Gott es mir und meiner Frau zu, dass wir mit der Verwirrung und der Enttäuschung leben können. Er prüft uns nicht, damit wir auf die Nase fallen. Er prüft uns, damit wir nach bestandener Prüfung stärker sind als vorher. Das ist geschehen. Und damit hat sich's.

Es ist nicht ausgeschlossen, dass Gott irgendwann eingreift und mich in einem Augenblick von meinen Leiden befreit. Aber ehrlich gesagt, lebe ich nicht mehr in der täglichen Erwartung, dass irgendwann Heilung geschehen könnte. Meine Heilung hat schon begonnen. Der Schöpfer führt mich den Weg der natürlichen Ausheilung.

Ein wunderbarer Sonntag geht zu Ende. Ich hatte keinen weiteren Besuch und kein Programm heute. Ich ging in der morgendlichen Frische die Straße zum Gäbris-See hinauf. Von dort hat man einen wunderbaren Ausblick auf den Bodensee, den Alpstein und das Mittelland. Bei klaren Verhältnissen sollen sogar Eiger, Mönch und Jungfrau zu erblicken sein.

Nach dem Mittagessen machte ich meine Siesta. Danach ging ich in den Gestaltungsraum. Den ganzen Nachmittag war ich allein inmitten von Farben, Leinwänden, Seidentüchern und Specksteinen. Es war herrlich. Zwischendrin aß ich einen Apfel. Danach setzte ich das Schreiben fort. Die Quellwolken ballten sich gegen Abend zu einem kräftigen Gewitter zusammen. Die Blitze waren von meinem Zimmer aus sichtbar.

Ich war vernünftig heute. Habe immer wieder bewusst Pausen eingeplant. Mich entspannt. Einfach nichts gemacht und zum Fenster rausgeschaut. Unterdessen ist es 20.00 Uhr geworden. Mit dem Schreiben ist es mir so richtig gut gelaufen. Fast habe ich darüber die Zeit vergessen. Mein rechtes Ohr pfeift. Ein psychosomatisches Warnlämpchen. Ich muss aufhören, sonst bin ich doch noch unvernünftig gewesen heute.

19. Psychosomatik (Der Löwe und das Gnu)

Es ist an der Zeit, dass ich mich mit dem Verhältnis von Psyche und Körper befasse. Mein Körper ist krank geworden, weil ich meine psychischen Kräfte überfordert habe. Ich begebe mich also auf das Feld der Psychosomatik, obwohl ich kein Arzt bin. Ich bin jedoch überzeugt: Je besser ich verstehe, was sich in meinem Körper abspielt, desto bessere Bewältigungsstrategien werde ich nach der Rehabilitation finden können. Ich will nicht nur deshalb mehr Bewegung in meinen Alltag einbauen und mich in Zukunft bewusster entspannen, weil die Ärzte und Therapeuten es gesagt haben. Ich muss die Sache begreifen, sonst hat es keinen nachhaltigen Effekt.

Ich mache mich also an die kognitive Stressbewältigung. Das, was ich in den Vorträgen und Gesprächen gelernt habe, plus einige Informationen aus dem Internet, all das versuche ich nun zusammenzutragen. Dabei interessiert mich in der Hauptsache das vegetative Nervensystem. Denn von diesem war nicht nur in den Fachvorträgen der Klinik die Rede, auch mein Hausarzt hatte davon gesprochen. Also muss da was dran sein.

Unser Nervensystem besteht aus einem *somatischen* und einem *vegetativen* Nervensystem. Das somatische (körperliche) Nervensystem regelt die Weiterleitung und Verarbeitung von Reizen. Ich führe gerade jetzt meine

Finger über die Tastatur meines Computers. Das ist die Folge einer bewussten Entscheidung. Ich will schreiben. Über mein Gehirn gebe ich meinen Muskeln Befehle, und diese führen sie aus. Diese bewusste Handlung wird durch meine Nerven gesteuert. Sie unterliegen meinem Willen. Würde das Telefon klingeln, würde ich meine Arbeit unterbrechen und den Hörer abnehmen. Auch das ist das Resultat willentlicher Entscheidung und wird durch mein somatisches Nervensystem gesteuert.

Das vegetative (unwillkürliche) Nervensystem dient der Aufrechterhaltung lebenswichtiger Körperfunktionen. So kontrolliert das vegetative Nervensystem wichtige Funktionen, etwa meine Herzfrequenz, meine Atmung, den Blutdruck und den Stoffwechsel.

Das vegetative Nervensystem wiederum besteht aus dem *symphatischen*, dem *parasymphatischen* und dem Nervensystem des Magen-Darm-Trakts. Die ersten beiden wirken dabei als so genannte «Gegenspieler».

An diesem Punkt meiner bescheidenen Recherche hatte ich das Gefühl, den Boden unter den Füßen zu verlieren. Es schien zu kompliziert zu werden. Doch mit einem gesunden Schuss Eustress (die Herausforderung stimulierte mich) blieb ich dran und gewann wertvolle Erkenntnisse.

Das vegetative Nervensystem regelt Prozesse im Körper, die nicht direkt willentlich beeinflusst werden können. Durch meinen Willen kann ich mit dem Tippen fortfahren oder die Gespräche an den Nachbartischen ausblenden (ich sitze auf der Terrasse inmitten anderer Patienten und genieße den Sommerabend). Wenn mir zu warm ist, kann ich durch meinen Willen jedoch nicht ein

Schwitzen herbeiführen. Das besorgt das vegetative Nervensystem unabhängig von meiner Willensentscheidung.

Das ist gut so. Denn ich könnte sonst vergessen zu schwitzen und würde im schlimmsten Fall an Überhitzung sterben. Wenn mir zu warm wird, sorgt das vegetative Nervensystem für eine bessere Durchblutung meiner Haut und aktiviert die Schweißdrüsen. Alles vollautomatisch.

Ebenso wenig kann ich herbeiführen, dass mein Blutdruck steigt oder meine Atmung schneller geht. Auch das besorgt das vegetative Nervensystem. Es bedient sich dabei zweier Strukturen: In meinem ganzen Körper sind Nervenstränge, Nervenverästelungen und Nervenzellen vorhanden. Ich stelle es mir wie ein fein gesponnenes Spinnengewebe vor.

Über die Nerven gibt mein Gehirn Botschaften innerhalb von Millisekunden oder Sekunden weiter. Erklingt beispielsweise aus meinem iPod am Morgen sanfte Gitarrenmusik, nimmt mein Gehirn dies durch mein Ohr wahr, schüttet Adrenalin aus und weckt mich dadurch. Der Vorgang dauert nicht einmal eine Sekunde.

Die zweite Struktur sind die Hormone. Sie regeln längere Prozesse und verfügen im Vergleich zu den Nerven über keinen Breitbandanschluss. Die Hormone werden über den Blutkreislauf zu den Organen transportiert und brauchen länger.

Das sympathische Nervensystem wird verkürzend *Sympathikus* genannt. Der Begriff geht auf einen Irrtum zurück. Der griechische Arzt Galenos beschrieb im zweiten Jahrhundert nach Christus erstmals das sympathische Nervensystem. Er ging davon aus, dass es das «Mitfühlen» zwischen den Organen ermöglicht. Der Däne

Winslow prägte im 18. Jahrhundert aufgrund dieses Irrtums den Begriff Sympathikus (griechisch: «Mitleiden»).

Das sympathische Nervensystem entspringt im Brustmark und dem oberen Lendenmark. Von dort verläuft es zu einer ersten «Umschaltstelle» neben der Wirbelsäule, dem so genannten Grenzstrang. Er besteht aus Nervenknoten, die parallel zur Wirbelsäule miteinander verbunden sind. Von dort führen Nervenstränge zu den Organen. Es handelt sich um ein weit verzweigtes System ähnlich einem U-Bahn-Netz. Mit Hilfe von chemischen Botenstoffen wie Noradrenalin werden die Impulse blitzschnell von Nervenzelle zu Nervenzelle und zu den Organen geleitet.

Der Sympathikus ermöglicht es dem Organismus, körperliche und geistige Leistungen zu erbringen. Droht Gefahr oder wird eine bestimmte Situation als Gefahr empfunden, wird automatisch der Sympathikus aktiv. Das kann eine Klausur sein, die man besser nicht vermasseln sollte, das Platzen eines Reifens auf der Autobahn, aber auch das Date von Michael mit Fabienne. In allen Fällen wird der Sympathikus aktiv. Das Herz schlägt schneller und kräftiger, die Atemwege erweitern sich, um besser Luft holen zu können, die Darmtätigkeit wird gehemmt.

Der *Sympathikus* ist für die nach außen gerichtete Handlungsbereitschaft zuständig. Einfacher ausgedrückt: Er ermöglicht Kampf oder Flucht. Die überlebenswichtigen Prozesse werden in Alarmbereitschaft versetzt, die für die Situation unwichtigen Prozesse werden heruntergefahren.

In der Tierwelt lässt sich das gut beobachten. Löwe

schleicht sich an Gnu heran. Gnu sieht Löwe. Gnu macht einen Haufen und ergreift die Flucht. Mit weniger Ballast (sprich: einem entleerten Darm) lässt sich eben besser flüchten. In Belastungssituationen reagieren wir wie das Gnu. Die einen bekommen Durchfall, andere müssen längere Zeit nicht mehr auf die Toilette. Und Hunger verspüren wir erst wieder, wenn die Gefahr gebannt ist (zum Beispiel wenn die Klausur erfolgreich hinter uns liegt).

Der *Parasympathikus* ist der Gegenspieler des Sympathikus. Er ist für Regeneration und Entspannung zuständig und regelt den Aufbau körpereigener Reserven. Er wird deshalb auch Ruhenerv genannt. Die zentralen Zellen des parasympathischen Nervensystems liegen im Hirnstamm und im unteren Rückenmark. In Nervenknoten, die in der Nähe der Zielorgane bestehen oder in den Organen selbst angesiedelt sind, werden die Nachrichten mit dem Botenstoff Acetylcholin weitergeleitet.

Der Parasympathikus bewirkt eine Verlangsamung des Herzschlags bei abnehmender Belastung oder regelt die Darmbewegungen. Ist man unter Stress, bewirkt der Sympathikus eine Abnahme der Darmbewegungen. Jetzt ist keine Zeit zum Verdauen. Die Energie des Körpers wird für andere Erfordernisse verwendet. Ist man entspannt, bewirkt der Parasympathikus eine Zunahme der Darmbewegungen sowie eine vermehrte Absonderung von Verdauungssäften. Wer sich den Luxus eines Mittagsschlafs leistet, kann besser verdauen.

Das vegetative Nervensystem beinhaltet außerdem das *Darm-Nervensystem*. Es ist im Gegensatz zum Sympathikus und zum Parasympathikus nicht mit dem zentralen Nervensystem verbunden und funktioniert autonom.

Einige Mediziner nennen es «Darmhirn», und das aus gutem Grund: Etwa hundert Millionen Nervenzellen sind im Darm und entlang des Darmes angeordnet. Das sind mehr Nervenzellen als im gesamten Rückenmark. Ihre Zahl wird nur von derjenigen des Gehirns übertroffen.

Die rund hundert Millionen Nervenzellen des Darms haben täglich viel zu tun: Sie analysieren die Nahrungsbestandteile des Sandwichs, das ich eben gegessen habe, koordinieren die Darmbewegungen, regeln die Drüsen, die in den Darm münden, und steuern die Nährstoffaufnahme. Der größte Teil der Immunabwehr ist im Darm angesiedelt, und über neunzig Prozent des «Wohlfühlhormons» Serotonin stammen aus dem Darm. Kein Wunder, dass ich in den vergangenen Monaten häufiger zur Bäckerei gegangen bin als zu stressärmeren Zeiten. Ein Mandelhörnchen oder Schokolade sind echte Glücksbringer.

Unser Magen-Darm-Trakt ist also ziemlich intelligent. Auch kein Wunder, dass wir uns in gewissen Situationen lieber auf unser «Bauchgefühl» verlassen als auf unsere Vernunft. Ebenfalls nicht verwunderlich ist es, dass uns Probleme buchstäblich auf den Magen schlagen.

20. Stress tötet (Die alten Eidgenossen)

Ein Feld, welches ich noch etwas gründlicher beackern will, ist der Stress. Während meiner Rehabilitation habe ich einiges über Stress gelernt. Es ist mir bewusst geworden, dass es sich wirklich um eine ernsthafte Sache handelt und nicht ein bloßes Modewort ist. Stress ist die Krankheit einer multi-optionalen Leistungsgesellschaft.

Im Grunde genommen lässt sich die Ursache meiner Krankheit in einem Wort zusammenfassen: Stress.

Stress ist ungesund. Stress macht krank. Stress kann töten. Kaum jemand stirbt daran, dass ein ihm lieber Mitmensch von einer Krankheit dahingerafft wird oder ein Freund bei einem Fahrradunfall ums Leben kommt. In solchen und anderen außergewöhnlichen Situationen entwickeln wir eine erstaunliche Widerstandskraft. Wir sind dafür geschaffen, sie zu überleben.

Für Stress hingegen sind wir nicht geschaffen. Stress macht mehr Menschen krank als der übermäßige Verzehr von Hamburgern. In den westlichen Industrieländern sterben mehr Menschen an Stress als im Autoverkehr.

Stress kann als eine individuelle Anpassungsreaktion bezeichnet werden. Er ist das Resultat zwischen den Anforderungen der Umwelt einerseits (zum Beispiel Zeitdruck am Arbeitsplatz) und den Bewertungen («Es ist wichtig, dass ich die Arbeit möglichst schnell fertig kriege!») und Möglichkeiten («Ich kann einfach nicht schneller arbeiten») des Menschen anderseits.

Anders herum: Wenn ich eine bestimmte Vorgabe an meinem Arbeitsplatz (Anforderung der Umwelt) nicht erfüllen kann (Fähigkeiten), jedoch der Überzeugung bin, dass es wichtig wäre, sie erfüllen zu können (Bewertung), ist Stress die Folge. Fällt eines dieser Elemente weg, verändert sich die Situation. Kann ich eine bestimmte Vorgabe (zum Beispiel ein bestimmtes Gerät zu reparieren) nicht erfüllen (weil ich die Fähigkeiten dazu nicht habe), ich dies aber nicht als entscheidend wichtig erachte (meine Bewertung), resultiert daraus kein Stress.

In der Stressbewältigung kommt der eigenen Bewertung entscheidende Bedeutung zu. Denn oft ist sie das Einzige, was ich beeinflussen oder verändern kann. Darum nochmals etwas anders ausgedrückt:

Die Anforderungen, die sich mir von meiner Umwelt stellen, werden *Stressoren* genannt. Stressoren kann ich identifizieren, indem ich mir die Frage stelle: Wann gerate ich in Stress?

Bei den einen ist es der Zeitdruck, bei anderen sind es die Erwartungen des Arbeitgebers, zu viele Unterbrechungen, soziale Konflikte oder mehrere solcher Stressoren gleichzeitig. Der Stressor bezeichnet den auslösenden Reiz. Er liegt nicht in uns, sondern ist etwas, das von außerhalb an uns herangetragen wird und eine Reaktion auslöst.

Stressoren führen zu einer *Stressreaktion*. Hält der Stress an, sind Erschöpfung und Krankheit die Folge.

Diese können ein sehr unterschiedliches Gesicht haben. Meine Stressreaktion wird mir bei der Frage bewusst: Wie reagiere ich, wenn ich unter Stress bin?

Hier ließe sich eine Liste anführen, die so lang ist wie die Beschreibung der Nebenwirkungen auf dem Beipackzettel von Antidepressiva. Sie lassen sich unterteilen in körperliche Stressreaktionen (wie etwa Bluthochdruck), psychische Stressreaktionen (wie etwa Angst) und geistige Stressreaktionen (wie etwa Konzentrationsschwierigkeiten).

Die körperlichen Stressreaktionen sind vielfältig. Sie sind die roten Lämpchen auf dem Armaturenbrett, von denen bereits die Rede war. Es lohnt sich, ihnen besondere Beachtung zu schenken. Der Körper sendet Überlastungssignale aus, die einem anzeigen, dass der Stress ernsthafte Ausmaße angenommen hat.

Ein hoher Stresspegel führt zu einer Aktivierung des Gehirns. Zu diesem Zweck sorgt das System für eine verstärkte Durchblutung des Gehirns. Der Sympathikus ist auf Kampf oder Flucht eingestellt. In Stress-Situationen wird der Speichelfluss reduziert. Die Folge ist ein trockener Mund. Die Verdauungstätigkeit wird gehemmt, ebenso erfolgt eine Libidohemmung. Das ist logisch, denn wer kämpfen oder flüchten muss, hat weder Zeit für ein gutes Abendessen noch für Sex.

In Stresssituationen erweitern sich die Bronchien, der Atem wird beschleunigt. Die Muskelspannung erhöht sich und ermöglicht verbesserte Reflexe. Der Blutdruck und der Blutzuckerspiegel steigen, das Herz schlägt schneller, man beginnt zu schwitzen. Hände und Füße werden kalt. Kurzfristig werden Immunkompetenz und Schmerztoleranz erhöht. (Bei anhaltendem Stress werden hingegen beide vermindert.) Die Gerinnungsfähigkeit des Blutes erhöht sich.

Das war für die alten Eidgenossen und andere kriegerische Leute unter Umständen überlebenswichtig. Der akute Stresszustand verminderte das Schmerzempfinden und verringerte die Gefahr, auf dem Schlachtfeld zu verbluten oder an einer Infektion zu sterben.

Die Stressreaktionen des postmodernen Menschen sind dieselben geblieben wie bei den alten Eidgenossen, außer dass einem die erhöhte Gerinnungsfähigkeit des Blutes nicht nützlich ist. Im Gegenteil: Dauergestresste stehen wegen dieser Fähigkeit des Körpers in erhöhter Gefahr, einen Herzinfarkt zu erleiden.

Ein weiteres Element ist die *Stressbewältigung*. Sie hängt von meiner individuellen Bewertung der Stressoren ab. Es geht um meine Motive und Einstellungen zu belastenden Situationen und Ereignissen. Wir alle leben mit bestimmten Zwängen, die oft wenig beeinflussbar sind. Und oft kann ich nur meine Einstellung und meine Motive verändern.

Ich kann gegen meinen Perfektionismus angehen und Gelassenheit einüben und damit Stress vermeiden, wenn ich etwas nicht optimal hinkriege. Ich kann daran arbeiten, ein geduldiger Mensch zu werden und so den Stressoren «Zeitdruck» oder «unerfüllbare Wünsche» entgegenwirken. Ich kann Selbstüberforderung entgegenwirken, indem ich lerne, meinen Selbstwert nicht von meiner Leistung abhängig zu machen.

Bei Stress werden bestimmte Hormone ausgeschüttet. Eines davon ist Adrenalin. Es wird in der Nebenniere gebildet und bei körperlichem und psychischem Stress ausgeschüttet. Adrenalin hat eine fast unglaubliche Reaktionszeit, einem 100-Meter-Sprinter ähnlich, der aus dem Startblock schießt und nach einer Sekunde schon beinahe volle Geschwindigkeit erreicht.

Adrenalin ist hauptsächlich für die Anpassung des Herz-Kreislauf-Systems an stressbedingte Belastungen zuständig. Es versetzt uns buchstäblich innerhalb von Sekunden in Alarmbereitschaft. Es tut dies, indem es die Herzfrequenz anschnellen lässt und den Blutdruck erhöht. Durch die Ausschüttung von Adrenalin werden Zucker und Fette für den kurzfristig erhöhten Energiebedarf bereitgestellt.

Adrenalin erhöht auch die Atemfrequenz innerhalb kürzester Zeit. Dadurch wird der für die Energiegewinnung in den Zellen benötigte Sauerstoff zur Verfügung gestellt. Adrenalin befähigt zu Kampf oder Flucht.

Kommt mir beim Wandern unversehens ein Bär in die Quere (oder ich ihm), erhöht sich mein Adrenalinspiegel kurzfristig um rund achthundert Prozent. Dasselbe würde geschehen, wenn mir ein Gangster in die Quere käme (oder ich ihm). Oder wenn mir am Bürkliplatz in Zürich ein Elefant entgegenkommt (davon im nächsten Kapitel mehr). Adrenalin wird vom Körper schnell wieder abgebaut.

Bei chronischem Stress wird durch die permanent erhöhten Adrenalin- und Noradrenalinwerte der Blutdruck erhöht, und der Blutzuckerspiegel steigt an. Chronischer

Stress kann die Sache jedoch auch ins Gegenteil verkehren und zu verminderten Adrenalinwerten führen.

Ein anderes Stresshormon ist Cortisol. Wie Adrenalin wird es bei körperlichem und psychischem Stress ausgeschüttet. Seine Hauptwirkungsgebiete betreffen den Stoffwechsel, die Immunfunktion und die psychische Befindlichkeit. Anders als bei Adrenalin legt der Körper einen Lagerbestand an Cortisol an. Es wird vorwiegend in der zweiten Nachthälfte gebildet und steht in der ersten Tageshälfte in hoher Dosis zur Verfügung. Am Abend sind nur noch rund zehn Prozent des Morgenwertes vorhanden.

Chronischer Stress führt zu einer vermehrten und andauernd hohen Cortisol-Ausschüttung. Das ist sehr ungesund. Mit ihr gehen die Hemmung des Verdauungsapparates und der Sexualfunktion einher. Ein erhöhter Cortisolwert fördert den Eiweißabbau und die Zuckerbereitstellung, und das wiederum kann Diabetes und Fettleibigkeit verursachen. Das ist ein Grund dafür, dass Dauerstress dick macht. Und dass der Schlaf leidet. Die hohe Cortisol-Ausschüttung bewirkt innere Unruhe. Ich stelle mir das so vor, wie wenn bei einem Motor das Standgas zu hoch justiert ist.

Das sollte eigentlich genügen, um mir klarzumachen, dass Stress eine ernsthafte Angelegenheit ist. Stress bringt den Hormonhaushalt durcheinander. Es ist, wie wenn man den falschen Kraftstoff in den Tank einfüllt. Die Leistung des Motors wird reduziert. Möglicherweise kann man noch eine Weile weiterfahren. Doch irgendwann gibt es einen Motorschaden, und dann geht nichts mehr.

Ich bin immer noch am Aufräumen nach dem Totalschaden und werde nicht so schnell damit fertig sein.

21.
Der Weg zurück
(Sabu)

Die fünfte und letzte Woche der Rehabilitation ist angebrochen. Es wird Zeit, mich auf die Rückkehr nach Hause vorzubereiten. Der Weg in die Klinik war in gewisser Hinsicht einfach. Der Leidensdruck war so groß, dass ich gerne ging. Ich bin nicht enttäuscht worden. Es waren prägende Wochen, die in meinem Lebenslauf einen festen Platz haben werden. Ich habe diesen Ort echt liebgewonnen.

Möglicherweise verfliegen diese Gefühle, wenn ich wieder zu Hause bin. Macht nichts. Ich habe im zurückliegenden Monat stark in der Gegenwart gelebt. Habe jeden Tag genommen, wie er kam. Auf dem Tagesprogramm stand, was man von mir erwartete. Das gab meinem in Stücke gefallenen Leben eine Struktur. Es war das Beste, was mir passieren konnte.

Je länger der Aufenthalt dauert, desto besser fühle ich mich. Die ersten beiden Wochen waren hart. Kaum Schlaf. Dafür permanent hoher Schwindelpegel. Muskelkater. Erschöpfung. Ich hatte kaum das Bedürfnis nach Kontakten mit anderen Patienten.

Vor einer Woche stellte ich fest, dass die Beschwerden nachlassen. Mein Schlaf ist besser geworden. Meine Fitness hat sich sogar deutlich verbessert. Auf dem Ergometer begann ich mit einer Leistung von 100 Watt. Heute

Nachmittag vermochte ich 140 Watt zu treten. (Fabian Cancellara schafft Spitzenwerte von 700 Watt.)

Das Bedürfnis, mich in eine Runde zu setzen, einen Kaffee zu trinken und mit anderen Patienten über Burnout, das Wetter und Mister Sunshine zu reden, ist stärker geworden. (Sunshine ist der Spitzname, den zwei Patientinnen einem Tischnachbarn gegeben haben, der immer unzufrieden ist.) Der Schwindelpegel ist leider kaum zurückgegangen. Aber das wird noch werden.

Ich fühle mich ein wenig wie Sabu, die ausgebüxte Elefantenkuh.

Am vergangenen Montag war die Elefantenkuh Sabu in Zürich aus dem Gehege des Zirkus Knie ausgerissen. Der Zirkus logierte wegen Umbauarbeiten nicht wie üblich am Bellevue, sondern auf der Landiwiese. Weil dort viele Scherben im Wasser sind, musste Sabu auf das jährliche Bad im Zürichsee verzichten. Das wollte sie sich jedoch nicht gefallen lassen. Sie büxte aus und nahm ein Bad im See.

Dann trabte sie flotten Schrittes in Richtung Bürkliplatz. Auf der vierspurigen Straße dem Seebecken entlang filmte ein Passant den Ausflug. Just als Sabu auf der Höhe des Kongresshauses unter einem Lichtsignal durchlief, wechselte dieses auf Grün. Wärter und Polizei hinterher.

Am Bürkliplatz bog Sabu links in die Bahnhofstraße ein zum Paradeplatz. Dort demolierte sie den Eingang einer Schweizer Großbank – wie um zu sagen, dass es so nicht weitergehen könne. Elefanten sind halt gescheit. (Das mit der Großbank stimmt leider nicht, sorry! Aber der Rest hat sich genau so zugetragen.)

Sabu überquerte den Paradeplatz und lief die gesamte Bahnhofstraße hinunter. Dann bog sie in die Gessnerallee ein, wo sie sich ausruhte. Dort konnte sie an einem Traktor befestigt und zum Zirkus zurückgebracht werden.

Es habe weder Personen- noch Sach- noch Elefantenschaden gegeben, berichteten die Medien.

Warum suchte sich Sabu die Bahnhofstraße aus, die berühmteste Einkaufsmeile der Schweiz? Elefanten haben ein gutes Gedächtnis. Sabu wählte den Weg, den sie noch vom letztjährigen Elefanten-Apéro (einem Umzug in der Innenstadt) in Erinnerung hatte.

Sabu scheint der Ausflug gefallen zu haben. Der Weg zurück war wahrscheinlich schwieriger als der Ausriss in die Freiheit. Sabu musste zurück in die Gefangenschaft.

Ich gehe nach Hause. Ein wenig fühlt es sich auch wie Gefangenschaft an. Ich gehe zurück in gewisse Zwänge. Es wird eine Herausforderung sein, mit den beruflichen Anforderungen zu Rande zu kommen. Ich werde vorerst nur leichte Aufgaben erledigen können. Um wieder die Verantwortung für einen Bereich unserer Gemeinde zu übernehmen, fühle ich mich noch nicht in der Lage. Ich habe großen Respekt davor, mich zu früh wieder in die Arbeit reinzuhängen. Ich möchte nicht nochmals einen Zusammenbruch erleiden.

Es wird keine Gefangenschaft sein, geht mir durch den Kopf. Ich habe dieses Leben und meine Arbeit gewählt. Ich bin jedoch wie andere Berufstätige auch in gewissen Abläufen und Erwartungen gefangen. Ich muss lernen, mit ihnen zurechtzukommen, ohne dass ich mich Hals über Kopf in die Herausforderungen hineinstürze.

Vorhin habe ich den Ausdruck «ich fühle» verwendet. Wie fühle ich mich, wenn ich an den Arbeitsalltag denke? Komisch fühle ich mich. Das erstaunt mich. Da habe ich mich fünfzehn Jahre für eine Sache eingesetzt. Ich habe alle meine Kräfte in den Aufbau unserer Gemeinde investiert. Ich war ein Teil davon.

Es ist nun schon ein ganzes Jahr her, dass ich die Arbeit reduzieren musste. Es ist eine Untertreibung zu sagen, dass mir dieser Schritt schwerfiel. Dann kam das für mich Unerwartete: Als ich physisch zusammenbrach, erlosch das Interesse an meiner Arbeit schlagartig. Aus und weg!

Fragen, die ich mir schon einmal stellte, tauchen wieder auf: Hat da ein Schutzmechanismus in meinem Innern mich von der Verantwortung abgekoppelt? Oder war mir die Sache doch nicht so wichtig?

Ich versuche, die Temperatur meiner Seele zu messen. Ich fühle zeitweise gar nichts mehr. Nicht für meine Arbeit und nicht für meine Freunde. Ich lebe im Jetzt. Und jetzt, das ist dieser Sommertag mit dem erfrischenden Bergwind, der über die Terrasse weht. Jetzt, das bin ich als Patient auf der Psychosomatik.

Gerade fällt mir auf, dass ich bereits zum zweiten Mal meinen Computer auf die Terrasse des Bistros mitgenommen habe und hier schreibe, wo der Ausblick herrlich ist. Ich bin von Leuten umgeben, die wie ich den Sommer genießen, einen Kaffee trinken und Besuch von ihrer Familie erhalten. In den ersten drei Wochen war ich lieber auf meinem Zimmer. Ganz allein für mich. Offenbar hat es mich in den vergangenen Tagen wieder mehr zu den Menschen gezogen. Das werte ich als gutes Zeichen.

Heute Nachmittag haben wir mit einem Schluck Prosecco den Abschied von Markus gefeiert. Jeder erzählte in der Runde, was er anders machen wird, wenn er wieder zu Hause ist. Nach dem Abendessen wird Markus abreisen. Wir sind alle, die wir uns schon länger hier aufhalten, daran, unseren Weg nach Hause zu finden. Dass ich bei dieser Runde gerne dabei war und mich die Stimmen um mich her nicht mehr stören, finde ich ermutigend.

Ich glaube auch, dass meine gefühlte Unterkühlung für meine Arbeit und meine Freunde wieder in den positiven Bereich kommen wird. Ich vermisse sie im Moment nicht. Auch die Gottesdienste und die Predigten nicht. Und die Gespräche, die Umarmungen zum Abschied und die freundschaftlichen Küsse auf die Wangen nicht. Links. Rechts. Links.

Ich muss mal eine Weile nachdenken – doch, jetzt vermisse ich sie ein wenig. Der Gedanke an Gespräche und Umarmungen fühlt sich noch etwas ungewohnt an, ist aber durchaus angenehm. Das ist ein gutes Zeichen. Sabu musste zurück in die Gefangenschaft. Ich werde *nach Hause* gehen.

22. Ersetzbar (Urs und Esther)

Eine Schrecksekunde heute Morgen. Genauer gesagt, waren es zwei oder drei Minuten. Vor der Gymnastik in der Turnhalle schaue ich im Gestaltungsraum vorbei. Ich habe ein Bild angefangen, das ich «Herbst» nenne. Tanzende rote, grüne und gelbe Blätter in der Herbstsonne. Ich bin allein. Schaue mir die Arbeit von gestern Abend an. Ich bücke mich, um in einem Stapel alter Papierbögen nach Motiven zu suchen. Patienten lassen ihre Bilder zuweilen zurück. Sie vergessen sie oder lassen sie hier, weil sie nicht ihren Vorstellungen entsprochen haben. Ab und zu findet in der Klinik eine Vernissage mit solchen Bildern statt. Es sind einige wirklich gute darunter.

Ich bücke mich – ein stechender Schmerz durchdringt meine Brust. Ich richte mich instinktiv auf und versuche durchzuatmen. Es geht nicht, der Schmerz ist zu stark. Ich greife nach der Herzgegend und drücke mit der Hand dagegen. Warum, weiß ich nicht.

Der Schmerz bleibt. Ich beginne auf und ab zu gehen, versuche immer noch richtig zu atmen. Habe ich einen Herzinfarkt? Soll ich den Notfallknopf drücken? Es kommt ab und zu vor, dass ein Patient im Zimmer oder im Speisesaal zusammenklappt. Das Pflegepersonal ist in Kürze zur Stelle.

Der Schmerz lässt ein wenig nach. Ich beschließe, zur

Therapiehalle zu gehen. Die Bewegungseinheit beginnt mit einem lockeren Einlaufen. Ich fühle mich nicht gut und muss am Rand Platz nehmen. Sekunden später ist die Therapeutin neben mir und fragt, wie es mir geht. Ihrem Rat folgend verlasse ich die Halle und melde mich auf der Pflegestation.

Zwei Minuten später liege ich auf dem Untersuchungstisch. Der Blutdruck ist leicht erhöht, aber in Ordnung. Eine Pflegerin beklebt mich im Brustbereich mit irgendwelchen Pflastern und macht Elektroden daran fest. Nochmals zwei Minuten später ist das EKG gemacht. Das Resultat wird auf Papier aufgezeichnet. Es sieht in etwa wie eine Erdbebenkurve aus.

Ein Arzt ist kurze Zeit später zur Stelle, schaut sich die Kurven an. Alles sei in Ordnung mit meinem Herzen. Keine unregelmäßigen Frequenzen. Keine Hinweise auf eine Durchblutungsstörung. Er tippt auf eine Muskelverspannung und gibt mir ein Schmerzmittel mit entspannender Wirkung. Das Therapieprogramm lasse ich auf seine Anordnung für heute sausen.

Ich gehe auf mein Zimmer, lege mich hin und versuche tief und regelmäßig zu atmen. Der Stechschmerz ist abgeklungen. Ich fühle mich müde, ein wenig unsicher auf den Beinen. Was war geschehen? Bis vor der Episode hatte ich mich gut gefühlt. Es wird mir bewusst, wie verwundbar ich bin. Auch psychisch. Eine große Nachdenklichkeit überkommt mich. Ich setze mich ans Fenster und starre hinaus.

Draußen herrscht emsiges Treiben. Bauarbeiter parken vor dem Fenster, laden Material aus, rufen einander Dinge zu. Ich sitze hier und tue nichts. Außer die Männer anstarren. Und sie mich. Halten mich wohl für einen faulen Sack. Wie die Bauern gestern, denen ich beim Heuen zugeschaut habe. Die dachten wohl, der Flachland-Indianer habe so was noch nie gesehen.

Warum denke ich so negativ? Was ist los mit mir? Ich bin schon die fünfte Woche hier und immer noch nicht besser drauf?

In den zurückliegenden Wochen habe ich nicht viel mit Gott geredet. Auch jetzt kommt nicht viel. Die Worte, die ich sagen will, bleiben wie ein trockener Bissen im Hals stecken. Ich hätte so viel Zeit, alles mit ihm zu besprechen. Aber ich tue es nicht.

Es ist nicht so, dass ich mich vor ihm verstecke. Ich mache mir viele Gedanken, spreche sie aber kaum aus. In meinem Innern ereignet sich ein intensiver Dialog. In Gedanken bin ich andauernd mit Gott im Gespräch. Seine Gegenwart umgibt mich gerade jetzt. Er ist immer und jederzeit um mich herum und in mir am Werk. Es ist ganz bestimmt okay, dass ich nicht so gesprächig bin. Gott kennt alle meine Gedanken, auch wenn ich sie nicht ausspreche.

Rede ich mir bloß ein, es sei alles okay? Wenn mein Glaube wirklich lebendig wäre, würde ich Gott dann nicht ganz anders begegnen? Manchmal beschleicht mich das dumpfe Gefühl, ich könnte meinen Glauben verlieren. Als ich im Kloster war und mit Gott feilschte, da war ich innerlich lebendig. Ich suchte Gott, der so weit weg schien, und machte die Erfahrung, dass er da ist. Ich rang mit Gott. Ich war enttäuscht, war verzweifelt, verwirrt und schließlich unglaublich tief berührt von seiner Antwort.

Und jetzt? Ich bin nicht einmal verzweifelt, nicht wütend, nicht enttäuscht. Ich bin einfach nachdenklich.

Ich wüsste keine bessere Zeit als diese, um schonungslos ehrlich mit mir selbst zu sein. Meinen Glauben zu verlieren wäre eine Katastrophe. Nicht nur, weil Gott mein Leben bis zu diesem Zeitpunkt so reich gemacht hat. Ich würde auch meine Jobs verlieren. Ein Pfarrer, der nicht mehr glaubt, ein Theologiedozent, der seine Überzeugung verliert – das wäre, wie wenn ein Flugzeugmechaniker einen Gedächtnisverlust erleiden und sein Fachwissen verlieren würde. Er könnte seinen Job ganz einfach nicht mehr machen. Ohne Glauben wäre ich verloren.

Gestern besprach ich mit Elisabeth eine E-Mail-Anfrage einer theologischen Institution, mit der ich schon lange zusammenarbeite. Ich rufe während meines Klinikaufenthalts keine E-Mails ab. Die wichtigen landen auf dem Server meiner Frau, sie bespricht diese dann mit mir am Telefon und schreibt eine Antwort zurück.

In den vergangenen vier Wochen waren das gerade mal eine Handvoll E-Mails. Alle anderen waren nicht wirklich dringend. Ich habe ja keine Ahnung, wie unwichtig ich bin! Wenn meine Welt stillsteht, dreht sich die da draußen unaufhörlich weiter.

Die Anfrage bestand darin, ob ich im Herbst eine Woche Unterricht erteilen würde. Es wurde um dringende Antwort gebeten. Meine Frau schrieb zurück, ich sei in der Rehabilitation und könne in den nächsten Tagen noch nicht entscheiden. Ob die Sache eine Woche Aufschub erlaube?

Die Antwort kam postwendend: Das sei zu unsicher, sie würden das Fach an einen anderen Dozenten vergeben.

Wie eine Erkenntnis schießt es durch meinen Kopf: *Ich bin ersetzbar.* Man ist nicht auf mich angewiesen. Ich habe das angefragte Fach an jener Institution sechs Jahre lang unterrichtet. Seit fast zwanzig Jahren bin ich dort Gastdozent. Und dann kannst du innerhalb von drei Tagen keine Zusage machen und bist weg vom Fenster ...

Es hat mich einfach weggeputzt. Ich bin auf Jobs wie diesen angewiesen! *Versteht ihr da draußen das nicht?*, möchte ich hinausrufen. Nächstes Jahr werde ich nur noch ein kleines Pensum als Pfarrer in meiner Gemeinde leisten können (sofern ich meine Arbeitsfähigkeit bis dahin wieder erreiche). Kurz vor meinem Eintritt in die Rehabilitation setzte die Gemeinde einen neuen leitenden Pfarrer ein. Für zwei Stellen fehlen uns die Finanzen.

Ich sehe darin zwar Gottes Führung. Ich unterstützte diesen Schritt von ganzem Herzen. Ich glaube auch, dass Gott für mich den Kuchen neu aufteilen wird und ich noch mehr in meine Berufung als Theologiedozent und Autor hineinfinden werde. Doch ich brauche auch Aufträge, mit denen ich meine Brötchen verdienen kann. Und jetzt das! Ich bin unwichtig. Ersetzbar. An diese neue Rolle habe ich mich noch nicht gewöhnt.

Ich bin zehn Jahre zu spät hierhergekommen. Im Rückblick erkenne ich, dass ich schon damals reif für die Klinik gewesen wäre. Hätte. Wäre. Sollte. Im Rückblick ist man immer gescheiter. Ein Trost ist, dass ich mit dem Problem nicht alleine bin. Alle, die etwas von ausgepumpten Existenzen, wie ich eine bin, verstehen, sagen dasselbe: Leute mit einem Burnout kommen immer zu spät mit der Einsicht, dass sie hätten zurückstecken sollen.

Vor zwei Tagen kam ich mit zwei Patienten ins Gespräch. Eine Treuhänderin aus Lichtenstein (ich nenne sie Esther, weil sie einer Person mit diesem Namen verblüffend ähnlich sieht) erlitt vor drei Monaten einen Zusammenbruch. Sie hatte sich überarbeitet. Zunächst buchte sie ein Zimmer in einem luxuriösen Wellnesshotel. Sie hielt den Luxus nicht aus. Sie wechselte in ein Kloster. Dort hielt sie sich selbst nicht aus. Dann erfolgte der Eintritt in die Klinik. Nach zwei Wochen ging es ihr bedeutend besser.

Während wir sprachen, setzte sich Urs zu uns. Ein mittelgroßer Mann, ein Leichtgewicht, aber sehr athletisch. Er hat die idealen Körpermaße, um einen Marathon zu laufen. Er arbeitet als Pfleger. Hätten wir ein heiteres Beruferaten gemacht, hätte ich auf Ingenieur oder Banker getippt.

Urs lief in sein Burnout wie in eine unsichtbare Wand. Er war starken Belastungen an der Arbeit ausgesetzt und biss die Zähne zusammen. Er scheint der Typ Mensch zu sein, der Durchhaltevermögen an den Tag legen und unter Druck Leistung erbringen kann.

Er erzählte uns, sein Vorgesetzter habe eines schönen Tages auf der Pflegestation etwas Unschönes zu ihm gesagt. Urs wurde wie von einer Kugel im Stehen getroffen. Er hörte sich sagen: «Das muss ich mir nicht bieten lassen!», oder etwas Ähnliches. Dann liefen ihm die Tränen hinunter. Er konnte nicht mehr aufhören zu weinen und war von diesem Augenblick an nicht mehr in der Lage, seine Arbeit fortzusetzen.

Er sei in eine unsichtbare Wand gelaufen, meint er. Eine Viertelstunde vorher war seine Welt noch in Ordnung gewesen. Sein Arzt reagierte schnell und schickte ihn in die Rehabilitation. Nach zwei Wochen fühlt er sich schon bedeutend besser.

Esther und Urs taten das Richtige. Sie setzten aus. Sie nahmen Hilfe in Anspruch. Sie versuchten es nicht nochmals und nochmals und nochmals. Nächste Woche werden beide ihre Arbeit wieder aufnehmen können.

Für mich bleibt die bittere Erkenntnis zurück: Ich habe viel zu lange gewartet. Mein Stausee ist leer. Vor einem halben Jahr hatte ich noch eine kleine Menge Restenergie, die ich in meinem reduzierten Arbeitspensum auch noch verbriet. Jetzt hat mein Stausee keinen Tropfen Wasser mehr. Immerhin: Ich habe während der Rehabilitation begriffen, warum mein Stausee sich leerte und wie ich ihn dicht machen kann. Vielleicht haben sich auch schon einige Tropfen Wasser angesammelt. Ich hoffe es.

23. Ausgleich (Monte Lema)

Wenn ich nicht wieder am Tiefpunkt landen will, muss ich mein Leben in Zukunft ausgeglichener gestalten. Zur Pflichterfüllung muss die Genussfähigkeit hinzukommen. Und zur Spannung die Entspannung.

Vor zwei Jahren hätte ich diese Sätze nicht schreiben können. Genussfähigkeit klingt zu sehr nach Hedonismus, Entspannung zu sehr nach Yoga oder Minztee.

Während meines Klinikaufenthalts haben sich meine Überzeugungen in dieser Hinsicht geändert. In meinem Fall entspricht die Einübung maßvollen Genusses und die Integration von Entspannung in meinen Tagesrhythmus einer dringenden Notwendigkeit.

Es hat eine Menge krank machenden und stimulierenden Stress in meinem Leben gegeben. Doch schlussendlich ist Stress eben Stress. Meine Schreibleidenschaft und meine Lesefreudigkeit boten keinen Ausgleich zu meiner Tätigkeit als Pfarrer und Dozent. Genau das aber hätte ich gebraucht.

Ich habe meine körperlichen und psychischen Kräfte durch Pflichterfüllung in meiner Arbeit als Pfarrer einerseits und durch Leidenschaft als Schriftsteller anderseits überfordert. Das eine oder das andere hätte mich ausreichend gefordert. Beides zusammen war zu viel.

Wenn man zu lange und zu heftig am Hosenträger

zieht, reißt er. Es ist nur eine Frage der Zeit. Und wenn man nicht sicher ist, ob der Hosenträger reißt, muss man halt noch einen Gürtel umschnallen.

Das habe ich nicht gemacht. Ich hatte keinen Ausgleich. Genauer gesagt: Das, was ich für Ausgleich hielt (meine Schreibleidenschaft), war kein Ausgleich, sondern stimulierender Stress. Diesen Denkfehler habe ich eingesehen. Ich hätte auf mein Bauchgefühl hören sollen. Irgendeine der hundert Millionen Nervenzellen in meinem Magen-Darm-Trakt hat mir diese Botschaft bestimmt mitteilen wollen. Wer nicht hören will, muss fühlen. Und er landet in einer Klinik.

Ich muss mein Problem noch etwas präziser ausdrücken: Ich hatte zu viel Spannung und zu wenig Entspannung in meinem Leben. Ein Gummiband reißt verhältnismäßig schnell, wenn man es dauerhaft anspannt. Entspannt man es zwischendurch, hält es deutlich länger. Ich habe fast zwanzig Jahre unter Hochspannung gelebt. Mein Leben glich einer Pulsfrequenz, die bei deutlich über hundert Schlägen pro Minute liegt. Ab und zu, aber viel zu selten, sank mein Puls unter diese Marke, dann schnellte er sofort wieder in die Höhe.

Mein Leben unterlag keinem natürlichen Rhythmus. Das kann auf Dauer nicht gutgehen. Unsere biologischen Kräfte können sich nur durch einen gesunden Rhythmus von Spannung und Entspannung nachhaltig erneuern.

Ich weiß, ich klinge schon fast wie ein Ratgeber oder ein So-gewinnen-Sie-Energie-Guru. Dabei predige ich vor allem mir selbst. *I am the man.* Ich muss meine falschen Denkmuster mit richtigen ersetzen. Also bin ich der Sache in den vergangenen Tagen etwas auf den Grund gegangen. Ein paar Erkenntnisse sind mir hinsichtlich eines ausgeglichenen Lebensstils wichtig geworden.

Zunächst das: *Entlastung ist nicht dasselbe wie Ausgleich*. Wenn man untrainiert einen Marathon zu laufen versucht und bei Kilometer 32 an die Wand läuft (sofern man es überhaupt so weit schafft), nützt es nichts, wenn man das Tempo verlangsamt. Die Energiereserven reichen selbst dann nicht aus, wenn man durch eine Temporeduktion den Organismus zu entlasten versucht. Damit das unvernünftige Experiment nicht Folgeschäden zeitigt, muss man den Lauf abbrechen. Sich hinsetzen, ausruhen, die Gelenke entlasten, ausreichend trinken. Man braucht Ausgleich.

Nach meiner x-ten Schwindelattacke kam die Frage auf, ob ich weiterarbeiten sollte oder nicht. Resultat: Ich humpelte mit reduziertem Tempo Richtung Kilometer 33 weiter. Es tat mir alles weh. Ich biss die Zähne zusammen. Meine Motivation war noch vorhanden. Ich wollte den Lauf durchziehen. Bei Kilometer 33 ließ ich mich für vier Wochen krankschreiben.

Danach schleppte ich mich mit nochmals reduziertem Tempo weiter. Das folgende Halbjahr schaffte ich nur noch ein 25-Prozent-Pensum. Kilometer 34 wurde ein Riesenkrampf. Ich hoffte, mich durch die Entlastung so weit erholen zu können, dass meine Arbeitsfähigkeit wiederhergestellt würde. Doch das war ein Irrtum. Denn Entlastung bedeutet nicht dasselbe wie Ausgleich.

Ärzte sagen, dass in einem leichten Fall von Burnout eine Entlastung reicht, um wieder auf den Damm zu kommen. In der Regel reichen zwei bis drei Monate, dann ist man wieder im Geschäft. In einem mittelschweren Fall kann es bis zu einem Jahr dauern, bis die Regeneration abgeschlossen ist. In schweren Fällen dauert es deutlich mehr als ein oder zwei Jahre, bis man seine Kräfte wiedererlangt hat. Aber nur dann, wenn man ganz aussetzt.

Während meiner halbjährigen reduzierten Tätigkeit verbrauchte ich mindestens so viel Energie für das kleine Arbeitspensum, wie mein durcheinander geratener Organismus überhaupt noch produzieren konnte. Ich war nach einem halben Jahr kränker als zuvor. Jetzt sind etwas mehr als drei Monate vergangen, seitdem ich gar nicht mehr arbeite. Erst jetzt spüre ich kleine Fortschritte.

Ich muss mir für die Zukunft dick hinter die Ohren schreiben, dass Entlastung nicht dasselbe wie Ausgleich ist. Diese Zukunft beginnt nächste Woche, wenn ich nach Hause gehe.

Wenn ich mein Leben nur dahingehend verändere, dass ich weniger arbeite, wird es nicht besser werden. Ich muss ausgleichende Tätigkeiten in meinen Wochenrhythmus einbauen. Ich könnte Briefmarken sammeln, aber dazu fehlt mir die Leidenschaft (als Jugendlicher habe ich das gemacht, die Alben besitze ich immer noch). Eine Eisenbahn im Keller zu bauen wäre eine Möglichkeit (meine Geschwister und ich besaßen einmal eine auf dem Dachboden). Ich könnte Kakteen züchten. Oder Wüstenmäuse halten. Oder Hobbykoch werden. Alle diese Tätigkeiten würden einen sinnvollen Ausgleich zu meiner Tätigkeit als Pfarrer, Dozent und Schriftsteller bilden.

Habe mich für das Malen entschieden. In der ersten Woche der Rehabilitation ließ ich mich von einer Mitarbeiterin in den Gestaltungsraum einführen. Der erste Versuch, ein Porträt von Eiger, Mönch und Jungfrau, landete am selben Abend im Papierkorb.

Dann begann ich mit Farben zu experimentieren, vermischte sie mit Specksteinstaub, bis eine archaisch wirkende zähe Masse entstand, und malte abstrakt. Dabei entwickelte ich so etwas wie einen «eigenen Stil» (ich weiß, das ist viel zu hoch gegriffen).

Nach zwei Wochen fragten einige Patienten halb im Scherz, wann ich meine erste Vernissage durchführen würde. Seither bin ich an den Abenden und am Wochenende, wenn keine Therapie stattfindet, im Gestaltungsraum. Heute Nachmittag werde ich mein Bild «tanzende Herbstblätter» abschließen.

Malen ist Muße für mich. Entspannung. Ausgleich. Ich bin nach wie vor nicht in der Lage, einen Zeitungsartikel zu lesen, ohne dass mein Schwindel stark zunimmt. Ich kann aber tatsächlich eine oder zwei Stunden malen, ohne dabei zu ermüden. Ich habe den Teil meines Gehirns, der für die Kreativität verantwortlich ist, vernachlässigt. Wenn ich male, kann sich der überbeanspruchte Teil meines Gehirns erholen. Der Ausgleich ist wohltuend.

Das Zauberwort heißt also Ausgleich. In dieser Hinsicht habe ich noch viel zu lernen.

Eine weitere wichtige Erkenntnis, die ich im Laufe der Rehabilitation gewonnen habe, ist diese: *Stille ist nicht dasselbe wie Ausgleich*. Ich bin von einer christlichen Tradition geprägt, in der die Stille – das Beten und die Bibellese – einen wichtigen Platz einnimmt. Diese Prägung ist grundsätzlich gut.

Jesus hat sich regelmäßig zurückgezogen, um mit Gott allein zu sein und zu beten. Dann ist er mit neuer Kraft zurückgekehrt. Die Menschen hingen wie Trauben an ihm. Jesus wusste, dass er die Stille brauchte, um unter der Last seiner Aufgaben nicht zusammenzubrechen. Zuweilen hat er sich förmlich losgerissen und verschwand in der Wüste.

Bisher bin ich davon ausgegangen, dass er in der Einsamkeit betete. Das ist sicher richtig. Jesus betete viel. Er war im andauernden Zwiegespräch mit seinem Vater, er hörte seine Worte und tat, was dieser ihm sagte. Vielleicht hat Jesus in der Einsamkeit aber zuweilen einfach *nichts* gemacht. Vielleicht machte er Siesta unter einem Olivenbaum. Vielleicht betrachtete er einen Käfer, der sich durch den Sand arbeitete, oder eine Blume, die in einem Felsspalt spross. Vielleicht blickte er dem kreisenden Adler am Himmel nach und spürte die abendliche Kühle der Wüste auf seiner Haut.

Als ich in den ersten zwei Wochen meines Klinikaufenthalts meine Tagebücher durchforstete, fiel mir auf, dass ich eine ganz bestimmte Sicht von Stille hatte.

Einmal hielt ich fest, dass ich weniger arbeiten und mehr die Stille suchen müsste. An diesem Eintrag blieb ich hängen. Ich merkte, dass mit dieser Aussage etwas nicht stimmte, konnte die Unstimmigkeit jedoch nicht in Worte fassen. Was passte hier nicht?

Dann stieß ich auf eine ähnlich klingende Bemerkung. Ich notierte einmal, dass ich nicht ausbrennen und stattdessen besser auf Gott hören wollte, und stellte mir die Frage, wie oft ich die Stille suchen wollte.

Jetzt wurde die Unstimmigkeit klar. Ich ging davon aus,

dass Stille dasselbe wie Ausgleich sei. Würde ich sie ausreichend praktizieren, würde ich meine Kräfte erneuern und nicht ausbrennen.

Das hat selbstredend nicht funktioniert. Nicht in meinem Leben. Denn Stille war für mein Inneres etwas Aktives. Ich wollte mehr von Gott lernen, las dazu in der Bibel und versuchte in Hörweite Gottes zu bleiben.

Wenn man jemanden sucht und nach ihm ruft, ist man anschließend für einige Augenblicke still, legt möglicherweise die Hand an die Ohrmuschel und lauscht gespannt. Gespannt – das ist das Wort. Hören und Verstehen sind keine entspannenden Tätigkeiten. Der Körper steht buchstäblich unter einer Anspannung während des Lauschens. Hören ist etwas Aktives. Stille war für mich stets etwas innerlich Aktives.

Sie war und sie ist für die Ordnung in meiner inneren Welt wichtig. Aber ich kann sie nicht mit Entspannung und Regeneration gleichsetzen. Sie deckt einen Teil davon ab – den spirituellen –, aber nicht den für meinen Körper unerlässlichen regenerativen Teil.

Das Gegenteil von Lärm ist Stille. Das Gegenteil von Spannung ist Entspannung. Das Gegenteil von Stimulation ist Muße. Das Gegenteil von Arbeiten ist Ausruhen. Das Gegenteil von Erfolg ist das zweckfreie Irgendetwas.

Ich habe kaum je eine zweckfreie Tätigkeit ausgeübt. Selbst jetzt stehe ich in der Gefahr des zweckgebundenen Ausruhens, damit ich mich umso schneller wieder zielorientierten Tätigkeiten widmen kann. Das wird mir im Rückblick besonders deutlich, wenn ich an meine erste Auszeit im Jahre 2003 denke. Die Gemeindeleitung schickte mich vier Wochen «in die Wüste», damit ich mich erholen konnte. Ich bekam eine bezahlte Auszeit. Ich war überarbeitet und hatte schon mehrere Schwindelattacken hinter mir. Sie wollten, dass ich mich regenerieren konnte.

Heute könnte ich mich ohrfeigen für das, was ich während dieser vier Wochen gemacht habe. Die erste Woche war ziemlich okay. Ich blieb zu Hause, stand später auf als sonst und machte Spaziergänge. Es war Frühling. Ich kann mich noch gut erinnern, wie der Löwenzahn blühte und das Zitronengelb der Rapsfelder mit jedem Tag kräftigere Tupfer auf die Landschaft malte.

Die restlichen drei Wochen verbrachte ich im Tessin in einem Albergo. Das Wetter war überwiegend schön und warm. Die Kastanienwälder wurden mit jedem Tag grüner. Von der Terrasse aus hatte man einen wunderbaren Ausblick auf den Lago di Lugano, der sich um die Berge und Hügel wand. Ich hätte ausruhen können und sollen.

Mein Glück und mein Elend zur selben Zeit war die kleine Bücherei im Aufenthaltsraum. Dort entdeckte ich ein Buch von Eugene H. Peterson über das Leben von Jeremia. Ich las das erste Kapitel. Es packte mich. Ich kaufte es, und drei Tage später hatte ich es vollständig durchgearbeitet.

Mein Glück war, dass Gott durch Jeremias Geschichte zu mir sprach. Bis heute begleitet sie mich und fordert mich heraus, «mit den Pferden zu laufen» (Jeremia 12,5).

Mein Elend war, dass ich nicht von der Sache loskommen konnte. Ich saß viele Stunden auf der Terrasse, trank einen Cappuccino oder zwei, las im Buch über Jeremia, schrieb die wichtigsten Erkenntnisse auf – und hatte beständig akuten Schwindel.

Wenn man einmal einen Autor entdeckt hat, interessieren einen *alle* seine Bücher. In der Bücherei fand ich ein Buch von Peterson über König David. Ich las das erste Kapitel – und kaufte es. Eine Woche später hatte ich auch dieses Buch vollständig durchgearbeitet, inklusive Terrasse, Cappuccino und Schwindel.

Dann entdeckte ich noch ein drittes Buch desselben Autors, diesmal über den Propheten Jona. Zwei Tage vor Ablauf meiner «Erholungszeit» hatte ich auch das verschlungen, inklusive ... Sie wissen schon.

Zu meiner Verteidigung könnte ich anführen, dass ich nicht drei Wochen am Stück las. Ich bin auch Wandern gegangen. Doch auch das entlastet mich in keiner Weise vom Verdacht der Unvernunft. In der zweiten Woche war ich nämlich der Meinung, dass ich mich nun schon ein wenig erholt haben müsste. Ich fuhr mit dem Auto den Malcantone hinauf nach Miglieglia an die Talstation der Seilbahn, die auf den Monte Lema führt. Der schönste Aussichtsberg im Tessin. Die Seilbahn interessierte mich nicht. Ich wollte wandern. Vor mir lagen knappe tausend Höhenmeter.

Bis auf halbe Höhe ging es ganz gut. Dort machte ich Mittagspause. Nach meiner Berechnung hätte es nicht mehr weit sein sollen. Ich bezwang, was ich als den letzten steilen Anstieg betrachtete – nur um festzustellen, dass ich noch längst nicht oben war. Zurückgehen kam auch nicht mehr in Frage. Das hätte mich mehr Energie gekostet, als die Wanderung fortzusetzen. Und Energie hatte ich nicht mehr viel.

Mit letzter Kraft erreichte ich den Gipfel. Die Aussicht war tatsächlich einzigartig. Gegen Norden war ein Stausee auf italienischem Gebiet sichtbar. Dahinter lag der Blick frei auf das Flussdelta direkt zu meinen Füßen, welches die Maggia im Laufe der Zeit zwischen Locarno und Ascona gebildet hatte. Gegen Süden war die Sicht frei auf den Sottoceneri, den südlichen Teil des Tessins, und auf Italien.

Ich war völlig verschwitzt und erschöpft. Mein Interesse an der Seilbahn war nun definitiv vorhanden.

Als ich nach der Beendigung meiner vierwöchigen Auszeit wieder mit Arbeiten begann, war ich in meinem Geist erquickt. Die Geschichten von Jeremia, David und Jona begleiteten mich. Regeneration hatte hingegen keine stattgefunden. Ich arbeitete mit derselben Intensität weiter.

Es gab To-do-Listen zu bearbeiten, die liegen geblieben waren. Ich stürzte mich in meine Aufgaben als Pfarrer. Außerdem gab ich einen Tag Theologieunterricht in Burgdorf. Das bedeutete: In der Woche nach Arbeitsbeginn nebst meiner normalen Tätigkeit acht Lektionen vorbereiten, acht Lektionen an einem Tag halten, zweihundert Kilometer Auto fahren und eine Stunde im Stau stehen.

Genau sieben Tage nach Beendigung meiner Auszeit notierte ich in mein Tagebuch: «Ich bin so erschöpft, dass ich heulen könnte!»

Noch eine Erkenntnis in Sachen Ausgleich möchte ich festhalten. *Unterhaltung ist nicht dasselbe wie Ausgleich.* Jedenfalls nicht immer. Viele Menschen versuchen, sich vor dem Fernseher zu entspannen. Sie hauen sich aufs Sofa und zappen sich durch.

Fernsehen entspannt aber nicht. Außer man schaut Teletubbies oder Pingu. Aber das machen die meisten Erwachsenen nicht. Ich schaue wenig fern. Letztes Jahr habe ich begonnen, als Entspannung Tennisspiele von Roger Federer zu schauen oder mal ein Spiel der Fußball-Champions-League. Ich meinte, mich dadurch entspannen zu können. Aber das war ein Irrtum.

Wir lieben Spannung. Wenn Roger Federer in einem Grand-Slam-Finale steht und aufschlägt, steigt bei mir die Spannung. Wenn ich einen Krimi oder einen Thriller schaue, setze ich mich Spannung aus. Mein Körper ist buchstäblich angespannt. Der Kopf geht nach vorne, die Schultern spannen sich, der Atem geht schneller, der Bauch zieht sich zusammen. So geht das in einem verrückten Fußballspiel oder einem wirklich guten Thriller über eine oder zwei Stunden. Das ist anstrengend. Das ist Stress. Nichts von Entspannung. Keine Regeneration. Bloße Zerstreuung.

Gestern begann die Fußball-Weltmeisterschaft in Südafrika. Im Nachmittagsspiel standen sich Argentinien und Nigeria gegenüber. Fünf Minuten nach Spielbeginn ging ich zum Fernsehraum. Etwa ein Dutzend Männer schauten sich gemeinsam das Match an. Die Stimmung war gut, und es war spannend. Ich hatte ein halbvolles Glas Latte macchiato in der Hand. Ich wollte den Muntermacher für den späteren Nachmittag aufbewahren.

Ich gesellte mich also dazu. Kaum war eine Minute vergangen, erzielte Gabriel Heinze durch einen herrlichen Kopfballtreffer die Führung für Argentinien. Ich blieb noch weitere fünf Minuten und machte mich dann auf Richtung Zimmer 315.

Nachdem ich den Fernsehraum verlassen hatte, kam mir wieder in den Sinn, dass ich ein Glas in der Hand hatte. Es war kaum noch Kaffee drin. Ich hatte ihn nicht ausgeschüttet, ich hatte den Kaffee getrunken, ohne mir dessen bewusst zu sein.

Wenn wir sehr stark gestresst sind, verschlägt es uns den Appetit. Beim Fernsehen ist es umgekehrt. Wir stehen unter positivem Stress, wir setzen uns Spannung aus. Die Reaktion: Wir trinken Kaffee oder Bier, wir essen Schokolade, Chips oder Erdnüsse. Dadurch bauen wir Spannung ab. Es handelt sich um eine Stressreaktion.

Es ist wissenschaftlich erwiesen, dass ein hoher Fernsehkonsum stresst und dick macht. Seit Argentinien in der fünften Minute seines Startspiels in Führung ging (und das Spiel gewann) und ich Kaffee trank, ohne mir dessen bewusst zu sein, glaube ich den Wissenschaftlern.

24. Entspannung (Genussinseln)

Entspannung. Darüber muss ich mir nun konkrete Gedanken machen. Ich habe mein Leben unausgeglichen gestaltet. Das war ungesund. Ich hatte ein ziemliches Tempo drauf, wie meine Psychologin meinte, und sie lag damit nicht ganz falsch.

In einer internationalen Studie wurde untersucht, wie viele Sekunden Fußgänger brauchen, um achtzehn Meter zurückzulegen.

In Singapur waren es zehn Sekunden, in Berlin zwölf, in Bern siebzehn und in der Hauptstadt von Malawi 31 Sekunden. (Damit ist wissenschaftlich erwiesen, dass Berner langsam sind).

Einige Jahre später wurde die Studie wiederholt (wann und in welchem Abstand sie durchgeführt wurde, entzieht sich meiner Kenntnis). An allen untersuchten Orten hatte sich das Tempo der Fußgänger erhöht. Im Durchschnitt waren es zwanzig Prozent.

Der hektische westliche Lebensstil verlangt nach Ausgleich und Entspannung. Es ist mir bewusst geworden, dass ich Entspannung in meinen Tagesrhythmus einbauen muss. Wenn ich darauf warte, Zeit zur Entspannung zu haben, so wie ich auf meine Ferien warte oder darauf, dass Weihnachten wird, dann wird nichts geschehen. Ich muss das selbst in die Hand nehmen. Was kann ich also tun?

Ich kann mich *passiv* entspannen. Ein Bad nehmen. In die Sauna gehen. Mir eine Massage leisten. Musik hören. Eine Fünf-Minuten-Arbeitspause einlegen. Mich auf den bequemsten Sessel in der Wohnung setzen und eine Viertelstunde nichts tun. Passive Entspannung ist allerdings nicht so mein Ding.

Ich kann mich auch *aktiv* entspannen. Sportliche Betätigung baut Stress ab und entspannt. Wenn ich mich vor der sportlichen Betätigung entspanne, steigert es meine Leistungsfähigkeit. Entspanne ich mich nachher, vertieft sich die Entspannung. Wenn ich eine Stunde Nordic Walking gemacht habe, setze ich mich danach eine Viertelstunde hin und tue nichts, außer tief in den Bauch zu atmen. Das verstärkt den Entspannungseffekt.

Entspannungstechniken sind sehr effektive Möglichkeiten der aktiven Entspannung – wenn man sie einübt und dann regelmäßig ausübt. Während des Klinikaufenthalts standen wöchentlich etwa sechs Entspannungseinheiten auf dem Programm. Am besten haben mir Atemgymnastik und progressive Muskelrelaxation gefallen.

In der Atemgymnastik lernt man, richtig tief zu atmen. Man steht einfach mal hüftbreit da. Mit den Armen macht man langsame, kontrollierte Bewegungen. Zum Beispiel die Arme waagrecht nach außen halten und langsam gestreckt nach oben führen, bis sich die Hände über dem Kopf berühren. Dabei langsam einatmen. Nicht den Brustkorb ausdehnen, sondern tief in den Bauch atmen.

Ich merke, dass ich das schon eine ganze Weile nicht mehr gemacht habe. Vermutlich, weil mein etwas zu rund gewordener Bauch dann noch runder wird. Eitelkeit bringt Leiden.

Dann erfolgt die kontrollierte Bewegung in die Ausgangsposition. Dabei mit Lippenbremse («Ffff...») langsam ausatmen. Jeweils so, dass das Tempo dem eigenen Atemrhythmus entspricht.

Uff, der Bauch verschwindet wieder! Beinahe jedenfalls.

So erfolgt Übung um Übung. Zwischendrin die Handflächen auf den Bauch legen und darauf achten, wie man atmet. Ich habe solche und ähnliche Übungen in den vergangenen fünf Wochen so oft gemacht, dass ich beginne, richtig zu atmen, wenn ich am Tisch sitze und Wörter in meinen Computer tippe oder wenn ich Treppen steige.

Ich habe auch auf die progressive Muskelrelaxation gut angesprochen. Es geht darum, einzelne Muskelgruppen bewusst zu spannen und wieder zu entspannen. Das ist alles. Wir legen uns im Silentium (das ist der Therapieraum für Entspannungsübungen) auf den Boden. Jeder Patient nimmt eine dünne Schaummatte und so viele Kissen, wie er braucht, damit er sich bequem auf den Rücken legen kann.

Ich halte den Kissenrekord. Ohne drei große Kissen kann ich nicht bequem liegen. Aber ich sollte ja gar nicht darauf schauen, ob andere mehr oder weniger Kissen brauchen. Ich muss mich auf mich konzentrieren. Das ist gar nicht immer so einfach, denn nach einer Weile beginnt regelmäßig jemand zu schnarchen. Letzthin der Potzi direkt neben mir. Er kommt aus dem Misox-Tal. Als die Übung zu Ende war, sagte jemand, er hätte geschnarcht. Ich sagte ihm, er sei sogar ziemlich laut gewesen. Er hat natürlich nicht gemerkt, dass er schnarchte. Kein Wunder, er schlief ja. Und die Therapeutin hat ihn auch nicht an der großen Zehe gezogen.

Manchmal machen sie das, wenn das Geräusch zu laut wird.

Ich liege also auf der Matte. Alle viere strecke ich bequem von mir. Handflächen nach oben, Füße leicht nach außen fallend. Augen zu. Zunächst achte ich auf meinen Atem. Geht er regelmäßig? Atme ich richtig? Dann folgen wir den gesprochenen Anweisungen der Bewegungstherapeutin.

Zuerst die rechte Hand zur Faust ballen. Der Unterarm ist automatisch angespannt. Maximal anspannen, ohne sich zu verkrampfen. Nach zwanzig Sekunden bewusst loslassen. Die Hand sinkt zurück. Wie fühlt es sich an?

Es kribbelt angenehm in den Fingern. Dann die Hand zur Schulter führen und den Oberarm gegen die Seite drücken. Zwanzig Sekunden anspannen. Dann den Arm zurücksinken lassen. Zwanzig Sekunden völlig ruhen. Die letzte Anspannung wahrnehmen und loslassen. So geht es weiter. Alle Hauptmuskelgruppen werden gespannt und entspannt.

Die Therapeutin weist uns an, den Hintern anzuspannen. So als würde man zwanzig Sekunden lang eine Banknote zwischen die Backen klemmen. Die soll uns ja niemand klauen können. Der Po hebt sich. Dann entspannen. Der Po sinkt zurück und wird breit und weich. Fühlt sich gut an. Es ist ziemlich anstrengend, den Hintern zwanzig Sekunden anzuspannen.

Am Schluss sind die Füße dran. Nach dreißig Minuten sind wir durch. Mit ein wenig Übung bin ich jetzt völlig entspannt. Das Tolle ist, dass es funktioniert. Ich baue es ab und zu spontan in den Tagesablauf ein. Nimmt der Schwindel zu, unterbreche ich und führe auf dem Stuhl sitzend eine Kurzversion der Muskelrelaxation durch. Nach zehn Minuten fühle ich mich besser.

Ich werde versuchen, die progressive Muskelrelaxation und die Atemgymnastik in meinen Tagesrhythmus zu integrieren. Beide Entspannungstechniken sind frei von ideologischen Untertönen. Bei Qigong und Yoga, die wir hier auch einübten, empfand ich einen inneren Widerstand. Energie aus dem Boden holen und die Meridiane mit den Handflächen abklopfen – das entspricht nicht meiner Überzeugung.

Entspannung und Genussfähigkeit gehören zusammen. Beides ist für unsere Gesundheit unerlässlich. Auf beiden Feldern habe ich noch nicht gekämpft, will es aber lernen.

Ich sitze zum letzten Mal an «meinem» Fenster und schreibe. Auf den Regen folgte am Nachmittag die Sonne. Ich bin gerade vom Abendessen gekommen. Die Sonne schickt ihre letzten Strahlen über den Bergrücken und wärmt mein Gesicht. Ich habe das Fenster geöffnet. Eben ist eine rote Katze gemütlich vorbeispaziert. Ich höre die Vögel pfeifen: den variantenreichen Gesang der Amseln und den sinkenden Triller der Buchfinken, deren Lied mit einem Crescendo endet.

Ich genieße den Augenblick. Ich mag Buchfinken. Heute konnte ich einen aus nur zwei Metern Entfernung beobachten. Der saß auf einer kleinen Tanne. Sein Gefieder glänzte in der Abendsonne. Er legte den Kopf mal auf die eine, dann auf die andere Seite. Wie Vögel das eben so tun. Es ist mir aufgefallen, dass es eine schöne Bewegung ist.

Zwischen den Kopfbewegungen hat er seine Triller gesungen. Er konnte mich nicht sehen, weil ich im zweiten Stock hinter einer Scheibe stand. Als ich näher an das Fenster trat, spiegelte sich meine Uhr oder meine Schreibunterlage in der Sonne. Der Buchfink flog davon. Es war ein schöner Augenblick. Und jetzt freue ich mich auf einen Latte macchiato. Ich werde mir im Bistro einen holen.

Der Kaffee schmeckt ausgezeichnet. Robert macht mir jeweils eine Spezialausführung ohne Aufpreis. Ich kriege zum Kaffee eine kleine Kanne mit Milch, weil ich den Kaffee hell am meisten mag. Ich genieße ihn. An einem Buch schreiben und dazu einen Latte macchiato trinken – das ist für mich Hochgenuss im Quadrat.

Ich möchte in Zukunft öfter einen Stadtbummel durch Zürich oder Bern machen, in einem Straßencafé Platz nehmen, meine Notizen hervornehmen und dazu Kaffee trinken. Ab und an mache ich das. Es ist noch Steigerungspotenzial vorhanden!

Der Chefarzt der Psychosomatik empfahl uns in einem Vortrag, uns täglich für mindestens eine halbe Stunde eine «Genussinsel» zu schaffen. Den Ausdruck muss man sich auf der Zunge zergehen lassen. Ich mochte ihn auf Anhieb. Aber davon habe ich mich natürlich noch nicht entspannt, und so habe ich beschlossen, mir in Zukunft Genussinseln zu schaffen. Die Kombination von Schriftstellerei und Latte macchiato trinken ist nur eine von vielen Inseln, die ich regelmäßig besuchen will.

Ich trinke normalerweise drei Tassen Kaffee am Tag. Wenn ich gestresst oder müde bin, können es auch vier oder fünf sein. Das gehört für mich dann in die Kategorie «untaugliche Stressbewältigung». Aber das lass ich mal so, wie es ist. Es gibt größere Baustellen in meinem Leben.

Ich trinke also drei Mal täglich Kaffee. Am Vormittag, um mir eine Arbeitspause zu gönnen. Selbstverständlich habe ich diese Gewohnheit auch während meiner Arbeitsunfähigkeit beibehalten. Nach dem Mittagschlaf, um wieder auf die Beine zu kommen und den Nachmittag gemächlich anzugehen. Und am späten Nachmittag – einfach so, weil ich Kaffee mag. Vielleicht auch, weil ich das Gefühl habe, bis zum Abendessen wieder ein bisschen mehr Benzin im Tank zu haben.

Ich will diese Gewohnheit, wie gesagt, nicht ändern. Ich will die Kaffeepausen bloß noch mehr genießen. Arbeit unterbrechen. Pause machen. Beine hochlagern. Zehn Minuten nichts tun, außer Kaffee zu trinken.

Ich will, ich will, ich will. Klar, ich muss es dann auch *machen*. Der Gedanke allein reicht nicht. Ich will das Essen noch mehr genießen. Das sei sehr gesund, erklärte der Chefarzt. Beim Essen müsse man sich Zeit lassen. Es sei übrigens auch ungesund, die Lebensmittel aus dem Reformhaus in zehn Minuten hinunterzuwürgen. Da könne man geradeso gut zu McDonald's gehen.

Das Ungesunde am Fast Food sei nicht das «Food», sondern das «Fast». Wer sich zum Happy Meal von McDonald's klassische Musik auflege, eine Kerze anzünde und sich sechzig Minuten Zeit lasse, esse gesünder als der gestresste Reformhäusler. Sich Zeit fürs Essen zu nehmen, mit Familie oder Freunden zusammenzusitzen und Pizza, Wein und desgleichen zu zelebrieren, sei nachweislich gesund.

Unter der fachkundigen Ägide meiner Frau essen wir schon seit einigen Jahren gesund und ausgeglichen. Was ich esse, das habe ich schon ziemlich im Griff (außer Schokolade, Nusshörnchen, Magenbrot und Kekse). Ich will nicht nur darauf achten, was ich esse, sondern auch *wie* ich esse. Slow Food heißt die Devise. Ein bisschen mediterranes Lebensgefühl am Esstisch.

Nun muss ich mich noch mit Schokolade, Nusshörnchen, Magenbrot und Keksen befassen. Denn diese und andere Dinge habe ich noch nicht unter Kontrolle. Ich weiß: All diese feinen Sachen haben viel zu viel Zucker. Der Industriezucker wurde erst im 19. Jahrhundert erfunden. Die Menschheit hat ohne ihn einige tausend Jahre überlebt. Sogar besser gelebt. Honig, Rosinen, Datteln und süße Früchte waren die Süßigkeiten bis in die Moderne hinein. Wir essen viel zu viel Zucker. Ernährungsberater sagen, dreißig Gramm pro Tag reichten aus.

Das Nusshörnchen war während meiner nun doch schon länger anhaltenden Krankheit mein rezeptfreies Antidepressivum. Ich bemühe mich darum, Maß zu halten. Aber verzichten will ich nicht. Was soll ich also tun?

Hier ist die Lösung: Wenn ich schon Süßes esse, dann mit Genuss, ungesund ist es ohnehin. Esse ich es mit einem schlechten Gewissen, mache ich mir Stress, und dann ist es noch ungesünder. Sagt der Chefarzt. Ich glaube es ihm aufs Wort.

Ich werde also das gesunde und das ungesunde Essen mehr genießen. Ich werde weiterhin einfach so bei uns in die Stadt gehen, mir ein Nusshörnchen kaufen und es auf dem Weg nach Hause genüsslich verzehren. Nach Hause spazieren und Nusshörnchen essen finde ich einfach köstlich. Ich werde weiterhin auf dem Weg vom Tankstellenshop nach Hause in das Brot beißen, das so herrlich duftet.

Und ich werde weiterhin einmal im Jahr Magenbrot kaufen. Das gibt es bei uns nur, wenn das Stadtfest oder ein Fastnachtsumzug stattfinden. Für die Fastnacht habe ich nichts übrig – außer für das Magenbrot. Ich werde mir weiterhin eine 500-Gramm-Tüte kaufen und den Inhalt mit Genuss verspeisen.

Ich liebe es zu lesen. Ein gutes Buch ist wie ein Zusammentreffen mit alten Freunden. Literarische Qualität empfinde ich als Hochgenuss. Da sich meine Schwindelsymptome noch nicht gebessert haben, werde ich weiterhin auf Hörbücher ausweichen. Goethes *Faust*, E.T.A. Hoffmanns *Das Fräulein von Scuderi* und einige weitere Klassiker habe ich noch auf Vorrat. Und ich werde mir zum dritten Mal die sechzehn CDs über Geschichte, Politik, Wissenschaft und Kultur von den alten Ägyptern bis zum Anbruch des dritten Jahrtausends zu Gemüte führen. Ich werde sie mir in kleine Abschnitte aufteilen und als kreative Pausen nutzen – im bequemsten Sessel unserer Wohnung.

Ein Beginn in Sachen Genuss ist gemacht. Als ich letzte Woche den Abschnitt über Stress schrieb, verwandelte ich die mir selbst gestellte Aufgabe in eine Genussinsel. Ich nahm Notizpapier und Schreibgerät und setzte mich auf die Terrasse der Klinik. Es war ein angenehmer Sommernachmittag. Die Therapiestunden lagen hinter mir.

Ich bestellte bei Robert einen Latte macchiato spezial

und erlaubte mir nach zwei Wochen Abstinenz ein Nusshörnchen. Ich zog die Schuhe aus, legte die Füße auf einen Stuhl und ließ die Landschaft auf mich wirken. Es roch nach Heu und Gülle. Kuhglocken rundeten den idyllischen Eindruck ab. Zeit, um meine Gedanken zu ordnen. Zwischendrin kam ich mit einer anderen Patientin ins Gespräch. Wir erzählten uns unsere Geschichten und erfuhren beide Bereicherung.

Es ist ein Glück, dass ich in dieser Klinik gelandet bin. Nicht nur, dass sie gut geführt ist und ein qualitativ hochstehendes Programm anbietet. Der Ort gefällt mir. Rundherum Hügel, Bauernhöfe, Wanderwege.

Ich bin gerne in den Bergen. Wenn ich mich an einem schönen Sommer- oder Herbsttag von der Arbeit freimachen kann, fahre ich in die Berge und wandere einen Tag lang. Kuhglocken, Wälder, Bäche, Bergseen, Felsen und schmale Bergwege – das ist Atemholen für meine Seele. Zeit zum Reden mit Gott. Zeit, um Dinge mit ihm zu besprechen; Dinge, die mich beschäftigen. Dialog mitten in einer wunderbaren Schöpfung. Ich werde das in Zukunft noch öfter machen.

Etwas werde ich dabei aber anders machen als bisher: Ich werde nicht mehr ein zu hohes Tempo anschlagen. Ich werde gemächlicher vorwärts gehen und meine Kräfte nicht mehr überfordern. Noch mehr Zeit. Noch mehr Nicht-Müssen. Noch mehr Genuss.

25.
Fitness
(Fred Feuerstein)

Drei Einsichten in Sachen körperlicher Fitness.

Erstens: Gott hat uns höchstwahrscheinlich nicht für den Bürostuhl geschaffen.

Zweitens: Sport ist tatsächlich gesund.

Drittens: Ein gutes Altersheim hat einen Fitnessraum.

Früher waren die Menschen fit. Sie mussten sich ziemlich viel bewegen, um zu ihrer täglichen Nahrung zu kommen. Wissenschaftler schätzen, dass Fred Feuerstein und Co. täglich bis zu dreißig Kilometer zu Fuß zurücklegten. Es gibt heute noch Stämme, die wie die Feuersteins leben.

In der Wartezone der Klinik liegen verschiedene Magazine auf. Die Titelstory des «National Geographic» befasst sich mit dem Volk der Hadza. Es handelt sich um einen Stamm in Tansania, der wie die Steinzeitmenschen lebt. Wenn die Hadza hungrig sind, gehen sie im Busch jagen. Wenn sie müde sind, schlafen sie. Sie haben keinen Besitz und keinen Stress.

Die Hadza brauchen Ausdauer, Kraft und Beweglichkeit, wenn sie überleben wollen. Sie jagen ein Tier so lange, bis das Tier müde wird und sie es erlegen können. Das haben die Steinzeitmenschen in den europäischen Breitengraden früher auch so gemacht. Wenn sie Rehe oder Hirsche jagten, mussten sie mehr Ausdauer als diese haben. Das bedeutete, täglich bis zu dreißig Kilometer auf der Jagd zu sein.

Das Erstaunliche ist: Unser Körper ist für diese Art der Belastung wie geschaffen. Wie würden wir aussehen, wenn Gott uns für den Bürostuhl geschaffen hätte? Wahrscheinlich wie Barbapapa und Co.

Als ich ein Kind war, waren Barbapapa und Co. beliebte Zeichentrickfiguren. Sie haben einen birnenförmigen Körper, der sich nach Bedarf in die Länge ziehen oder sonst wie verformen konnte. Der Ausdruck Barbapapa leitet sich vom französischen Wort für Zuckerwatte ab. Und so sehen die Figuren auch aus. Weich und dehnbar. Nichts von Körperspannung. Genau das Gegenteil der Steinzeitmenschen.

Der menschliche Körper ist dazu geschaffen, Belastungen auszuhalten und Leistung in Form von Ausdauer, Kraft oder Beweglichkeit zu erbringen. Wird der Körper nicht gefordert, verkümmern seine Fähigkeiten. Ein Muskel, der wenig gebraucht wird, bildet sich zurück.

Stundenlanges Sitzen auf einem Bürostuhl schränkt die Beweglichkeit ein. Und wenn man sich nicht mehr so beweglich fühlt wie früher oder der Bauch die Form von Zuckerwatte annimmt, bewegt man sich noch weniger als ohnehin schon. Man ist in den Teufelskreis der Inaktivität geraten.

Genau das ist mir passiert. Und das hat meine angeschlagene Gesundheit zusätzlich geschwächt. Das Rehabilitationsprogramm hilft mir, aus diesem Teufelskreis auszubrechen.

Der Teufelskreis funktioniert so: Ich habe Hexenschuss, also muss ich mich schonen (denke ich). Ich schlucke schmerzstillende Tabletten mit entzündungshemmender Wirkung. Ich fürchte, dass die Schmerzen wiederkommen und schone meinen Körper. Meine Leistungsfähigkeit nimmt ab. Meine Rückenmuskeln bilden sich zurück. Der Schmerz kommt wieder, weil meine erschlafften Muskeln Knochen, Sehnen und Gelenke nicht mehr ausreichend fixieren.

Also schlucke ich wieder Tabletten und meide die Schmerzzone. Meine Mobilität nimmt ab. Als Folge davon lege ich an Gewicht zu. Meine körperliche Leistungsfähigkeit nimmt weiter ab. Die Beschwerden treten in kürzeren Abständen auf, und die ganze Geschichte geht von vorne los. Ich bin im Teufelskreis der Inaktivität gefangen.

Unser Körper ist für Aktivität geschaffen. Wenn ich Hexenschuss habe, ist es das Beste, in Bewegung zu bleiben. Inaktivität und Bewegungsmangel verstärken allerlei Beschwerden und lösen neue aus. Das beste Mittel gegen Hexenschuss ist der Kraftraum. Gezielt die Körperkräfte mobilisieren. Muskeln aktivieren. Die halten «das ganze Zeugs» zusammen.

Je früher man mit körperlichem Training beginnt, desto länger bleibt der Körper fit. Wer als Kind und junger Erwachsener viel Bewegung hat und sich um seine Fitness kümmert, kann mit achtzig körperlich so fit sein wie jemand, der gerade anfängt, sich über seine Pension Gedanken zu machen.

Die Folgen von Bewegungsmangel zeigen sich nicht sofort. In der Regel werden sie erst nach Jahren oder Jahrzehnten spürbar. Regelmäßige Bewegung ist biologische Altersvorsorge. Wie beim Ersparen des Alterskapitals müssen wir auch in der Gesundheitsvorsorge früh beginnen, um im Alter Nutzen ziehen zu können.

Diese Sätze hätte ich schon vor Jahren unterschrieben, ohne mich umzusehen. Ich bin sie von den Bewegungstherapeuten in der Klinik gelehrt worden. Jetzt endlich glaube ich sie. Denn: Jeden Morgen tut mir irgend etwas weh. Meine Lebensqualität hat sich durch mangelnde Fitness zusätzlich verschlechtert. Meine Seele fühlt sich nicht gut in meinem Zuckerwatte-Körper.

Die meisten Patienten hier sind nicht fit. Viele überschüssige Pfunde werden herumgetragen. Die Abteilung für Bewegung hat es sich zur Aufgabe gemacht, diese abzubauen und uns Freude an der Bewegung zu vermitteln.

Das Erste ist das Treppensteigen. Wir werden ermutigt, den Aufzug nur zu gebrauchen, wenn es wirklich nötig ist. «Überwinden Sie den inneren Schweinehund!», steht in der dritten Etage an der Tür des Aufzugs. In der ersten Etage sind sie noch freundlicher. «Wie steht es mit etwas Bewegung?», steht an der Tür angeschlagen.

Ich nehme es mir zu Herzen und nehme (fast) immer die Treppe. Wenn ich vom Eingangsbereich in die dritte Etage die Treppe nehme, steigt mein Puls auf etwa 130 (ich bin auf der obersten Stufe stehen geblieben und habe den Puls gemessen). Pro Tag gehe ich zehn bis zwanzig Mal rauf und runter. Jede Woche überwinde ich so rund tausend Höhenmeter. Der einfachste Weg zur Gesundheit ist der Weg zu Fuß.

Zum letzten Mal will ich ein wenig Theorie pauken. Denn wenn ich begriffen habe, welche Art von Bewegung ich brauche und was sie bewirkt, werde ich mich nach der

Rehabilitation wirklich um meine Fitness kümmern und nicht nur davon tagträumen.

Vor meinem Eintritt ist mir die Ernährungspyramide bekannt gewesen. Nun ist eine zweite dazu gekommen: die Bewegungspyramide. Sie besteht aus drei Ebenen.

Auf der ersten Ebene befindet sich die *Alltagsbewegung.* Die Empfehlung lautet: Täglich mindestens dreißig Minuten Alltagsbewegung in Form von Alltagsaktivitäten oder Sport geringer Intensität.

Alltagsbewegung heißt beispielsweise: Verdauungsspaziergang machen, Gartenarbeit verrichten, Treppen steigen, Schnee schaufeln, Fenster putzen, Tanzen, zwei Haltestellen früher aus dem Bus aussteigen, zu Fuß Einkäufe erledigen, mit dem Hund nach draußen gehen.

Auf der zweiten Ebene befindet sich das *Ausdauertraining und das Krafttraining.* Ausdauer ist die Fähigkeit, eine bestimmte körperliche Leistung über einen möglichst langen Zeitraum aufrechtzuerhalten. Kraft ist die Fähigkeit, durch Muskelarbeit Widerstände zu überwinden. Empfehlung: Täglich mindestens dreißig Minuten.

Für so ein Ausdauertraining eignen sich Radfahren, Schwimmen, Nordic Walking, Wandern, Crosstrainer, Wassergymnastik, Trimm-dich-Pfad, Stepp-Aerobic. Ausdauer wird durch erhöhte Herzfrequenz erlangt. Mein Puls muss einen mittleren Wert von 130 Schlägen pro Minute erreichen (bei anderen Personen liegt dieser Wert je nach Alter und Fitness höher oder tiefer). Die Atmung beschleunigt sich. Ich beginne zu schwitzen.

Das muss ich zwei bis drei Mal in der Woche jeweils mindestens dreißig Minuten lang aufrechterhalten. So kann ich meinen Körper auf Ausdauer trainieren. Wenn die jeweilige Einheit unter zwanzig Minuten liegt, bleibt der Effekt aus. Setze ich weniger als zwei Einheiten pro Woche an, kann ich meine Ausdauer ebenfalls nicht entscheidend verbessern.

Für das Krafttraining eignen sich der Kraftraum im Fitnesscenter, Gewichte stemmen, Übungen mit dem Thera-Band (ein medizinisches Gummiband) oder Training mit dem eigenen Körpergewicht. Wichtig ist, alle Hauptmuskelgruppen zu trainieren. Das erreicht man am besten, indem man sich eine Mitgliedschaft in einem guten Fitnesszentrum leistet und entsprechend den Anweisungen der Therapeuten trainiert.

Um alle Hauptmuskelgruppen zu trainieren, braucht man pro Einheit mindestens dreißig Minuten. Liegt man unter dieser Zeit, hat man die Übungen entweder zu hastig und damit technisch falsch durchgeführt oder einzelne Muskelgruppen übersprungen. Zwei bis drei Einheiten pro Woche reichen, um einen ersten Effekt zu erzielen. Ein Sixpack bekommt man damit natürlich nicht. Dafür müssten es schon drei bis vier Einheiten pro Woche sein.

Beim Krafttraining in der Klinik lernen wir, auf folgende Punkte zu achten: Dynamische, langsame Bewegungen erzielen einen besseren Effekt als schnelle Abläufe. Pressatmung vermeiden. Also nicht die Luft anhalten, wenn das Gewicht gestemmt wird. Auf eine fließende Atmung achten. Möglichst schmerzfrei trainieren. Habe ich beispielsweise Rückenschmerzen, darf ich sie durchaus ein wenig spüren, wenn ich Kräftigungsübungen für den Rücken mache. Verschlimmert sich der Schmerz nicht und klingt er nach dem Training rasch wieder ab, habe ich richtig trainiert. Wird der Schmerz stärker, habe ich falsch trainiert (falsche Körperhaltung oder zu hohe Belastung).

Krafttraining bewirkt einiges für unseren Körper und unsere Psyche. Es vermindert Abnutzungsschäden und Arthroseschmerzen und damit die Sturzgefahr (deshalb sollte ein gutes Altersheim einen Fitnessraum haben). Weiter verbessert es den Zuckerstoffwechsel, erhöht die Knochendichte durch Stimulation der Knochenzellen und hat einen positiven Effekt auf das Selbstvertrauen.

Ein Wundermittel ist es allerdings nicht. So bewirkt Krafttraining weder Ausdauer noch Fettabbau. Ausdauer ist nur durch eine regelmäßig erhöhte Herzfrequenz erreichbar. Beim Krafttraining erhöht sich der Puls jedoch kaum. Fett wird durch Ausdauertraining abgebaut. Geräte, mit denen durch tägliches 5-Minuten-Krafttraining das Gewicht tatsächlich reduziert wird, existieren nur in der Vorstellung gewiefter Werbestrategen.

Auf der dritten Ebene der Bewegungspyramide befindet sich die *Entspannung*. Mit Entspannungsmethoden, Genussinseln und verringertem Lebenstempo habe ich mich bereits befasst.

Wenn ich wieder zu Hause bin, werde ich mir ein Trainingsprogramm verschreiben. Nordic Walking, Stepp-Aerobic und Kräftigungsübungen mit dem Thera-Band stehen an oberster Stelle. Für einen Crosstrainer habe ich zu wenig Platz. Und er kostet zu viel.

Ich werde versuchen, die Stepp-Aerobic mit Kräftigungsübungen und Koordinationsübungen zu kombinieren, indem ich Hanteln dazu nehme. Vielleicht werde ich mir sogar einen Boxsack kaufen, um diesen ab und an so richtig zu verhauen!

Wenn ich gesund werden und es bleiben will, muss ich in Sachen Kraft, Ausdauer und Beweglichkeit fit werden. Vor allem aus zwei Gründen.

Zum einen werde ich auch in Zukunft wieder Stress haben. Sport hilft beim Stressabbau. Bewegung fördert die Entgiftungsprozesse im Körper, indem die Bildung von Enzymen angeregt wird. So wird zum Beispiel das Stresshormon Adrenalin durch Bewegung schneller abgebaut. Ausdauer steigert die Belastungsfähigkeit, weil ein trainierter Körper ökonomischer auf Stress reagieren kann. Sport fördert die Körperspannung und führt dazu, dass nach dem vorübergehenden Anstieg tiefere Entspannung möglich ist.

Im Grunde genommen kann ich sehr viel Stress schadlos überstehen – falls ich ihn durch körperliche Aktivitäten wieder abbaue. Entscheidend wird der Ausgleich zwischen Spannung und Stress einerseits und Sport und Entspannung anderseits sein.

Es gibt noch einen Grund, weshalb Fitness für mich wichtig sein wird. Ich esse gerne. Hauptsächlich Süßes. Eine Bäckerei ist für mich ein Paradies. Ich werde weiterhin darauf achten, was ich esse. Nicht alles hält, was es verspricht.

Die Milchschnitte zum Beispiel sei angeblich gesund und gut für das Kind («Was für Kinder gut ist, wird doch bestimmt auch für Erwachsene gut sein!»). Die bittere Wahrheit ist: Ferreros Milchschnitte hat fast so viele Kalorien wie Schokolade. In beiden ist viel Zucker (und wenig

Milch oder Milchpulver) drin. Zucker ist reiner Brennstoff. Er macht dick.

Zudem verbraucht Zucker wertvolle B-Vitamine. Das Gehirn braucht B-Vitamine, um Denkarbeit zu leisten. Darum ist die Milchschnitte für die Schulpause nicht geeignet. Ich nehme an, für meine Pausen wird das kein bisschen anders sein.

Ich werde weiterhin Schokolade essen, jedoch darauf achten, dass sie einen hohen Kakaoanteil hat. Denn: Kakao ist sehr gesund, Zucker hingegen nicht. Je mehr Kakao in einer Schokolade ist, desto weniger Zucker ist drin.

Doch ich bin vom Thema abgewichen. Eigentlich wollte ich nur sagen, dass ich Sport brauche, weil ich weiterhin Süßes essen werde. Denn Zucker macht dick, und Sport baut die Sache wieder ab. Bewegung fördert die Stoffwechselaktivität, und diese führt zu vermehrter Fettverbrennung.

Übrigens habe ich in meinem fünfwöchigen Klinikaufenthalt mein Gewicht nicht reduzieren können. Ich wollte drei bis vier Kilo abnehmen. Es hat nicht funktioniert. Der Bewegungstherapeut hat gesagt, dass manche Patienten durch das Krafttraining an Muskelmasse zulegen und damit an Gewicht. Das muss es sein ...

26. Abschied (Starke Männer)

Es ist Zeit, Abschied zu nehmen. Heute ist mein letzter Tag. Das Zimmer ist geräumt, der Schlüssel abgegeben, die Rechnung bezahlt. Ich sitze im Bistro und blicke den Nebelschwaden nach. Ein trüber Tag. Das passende Wetter für einen Abschied. Die zurückliegenden Wochen haben mein Leben verändert.

Ob der Ausdruck zu hoch gegriffen ist, wird sich weisen. Es liegt an mir, das Gelernte umzusetzen. Ich bin zuversichtlich, dass das geschehen wird. Ich habe nicht bloß Wissen angehäuft oder Gewichte gestemmt, um mein Programm durchzubringen. Ich habe die Therapie aus Überzeugung mitgemacht. Ich glaube, mich schon jetzt verändert zu haben. Zumindest die Einstellung und die Richtung stimmen.

Die Geschichten der Patienten, die ich näher kennen gelernt habe, sind eine Bereicherung gewesen. Zuerst waren es äußere Erscheinungen, die ins Auge stachen. Frauen mit der Körperform eines Spargels, die fast nur von Salat leben.

Da war jene Frau, mit der ich nie gesprochen habe. Sie hatte eine Panikattacke, griff zum Telefon und rief zu Hause an, man solle sie abholen, sie habe solche Angst! Ihr verzweifeltes Heulen machte mir bewusst, dass es mir besser geht als manch anderen Patienten.

Da waren übergewichtige Patienten, die ihren Berg Salat mit Unmengen französischer Sauce übergossen und zum Hauptgang Vollkost hatten.

Da waren ältere Patientinnen, die keinerlei Anstalten machten, ihre Bitterkeit zu verbergen, an diesen Ort verbannt worden zu sein.

Und da waren Männer in meinem Alter, die einen Marathon hätten laufen können. Starke Männer, mit gestählten Waden. Harte Burschen, die abends gerne ein Bier und zwei Gläser Rioja tranken. Was machen die bloß hier? Man sieht ihnen nicht an, dass sie «etwas» haben.

Gestern Nachmittag waren wir auf einer zweistündigen Wanderung. Ich lernte Angelo kennen. Er ist einer der starken Männer. Wenn das Tagesprogramm beendet ist, geht er joggen oder fährt eine Stunde Rad. Ich fragte ihn, weshalb er hier sei. Hier ist seine Geschichte:

Angelo ist verdeckter Drogenermittler. Dealer observieren, verfolgen und zuschlagen. Die Hierarchie der Sondereinheit ist gnadenlos. Es wird mit Ellbogen gekämpft. Der Sprachgebrauch ist erniedrigend. Jeder will der Beste sein auf der Jagd nach einem Sauhund. Wenn ein Einsatz zu Ende geht und der Vorgesetzte anruft, an der Grenze sei was los, wird das Auto auf der Heimfahrt gewendet und ein weiterer Einsatz hingelegt. Nochmals ein Bricket reinschieben. Nochmals alles geben. Wer eine Aktion versaut, bringt das ganze Team in Gefahr. Diese Männer halten etwas aus.

Angelo hatte vor einem Jahr einen Zusammenbruch. Er wollte stets gute Arbeit abliefern. Das schaffte er auch. Aber in seinem Innern wurden die Defizite immer größer.

Man sehe es ihm nicht an, aber er sei ein sensibler Mensch. Er brach eines Tages während der Arbeit in Tränen aus. Ofen aus. Bricket nachschieben zwecklos. Arbeitsunfähig.

Einen Monat lang schlief er täglich bis zu sechzehn Stunden. Eine ambulante psychotherapeutische Behandlung brachte nicht den erwünschten Erfolg. Seit einer Woche ist Angelo in der Klinik. Manchmal ist er innerlich sehr aufgewühlt. Aber es geht ihm bereits ein wenig besser.

Es sind nicht die Weicheier, die in der Abteilung für psychosomatische Beschwerden landen. Was die Männer betrifft, sind es überwiegend leistungsbereite, loyale und pflichtbewusste Kerle. Starke Männer, die nicht aufgeben. Sie strecken die Waffen erst, wenn der Körper sozusagen selber den Stecker zieht. In der Klinik lernen sie sich selbst und den Umgang mit Belastungen kennen. Und wie sie ein neues Leben aufbauen können.

Angelo wird nicht mehr zur Sondereinheit zurückkehren. Er wird sein eigenes Adventure-Business aufbauen.

Er ist nicht der Einzige, der sein Leben nach der Rehabilitation völlig umkrempelt. Der Respekt vor dem Anfang nach dem Ende ist bei allen spürbar. Schaffe ich den Turn-Around? Gerate ich nicht wieder in dasselbe Fahrwasser? Werde ich wieder ganz gesund? Welche Narben bleiben, und wie lebe ich mit ihnen?

Diese Fragen stellen sich auch mir.

Ich fühle mich noch nicht stark. Weder physisch noch psychisch. Gestern auf der Wanderung, als ich mit Angelo sprach, bekam ich es zu spüren. Ich hatte am Morgen das erste Mal kein Antidepressivum mehr genommen. Der mit dem Arzt abgesprochene Absetzungsprozess, den ich zwei Wochen vorher begonnen hatte, war problemlos verlaufen. Am Tag zuvor hatte ich meine letzte halbe Tablette genommen.

Dann der erste Tag ohne. Ich war müde, fühlte mich nicht gut. Trotzdem ging ich mit auf die Wanderung. Beim ersten Anstieg musste ich «abreißen lassen», wie die Radprofis es ausdrücken. Es wurde mir schwindlig, die Beine waren schwer. Angelo nahm mir meine Trinkflasche ab, und bei der Halbzeitpause gab er mir ein Dutzend Gummibärchen. Brennstoff für den Körper. Genau richtig für mich. Nach einer kurzen Pause fühlte ich mich etwas besser.

Auf dem Rückweg wurde ich immer langsamer. Entzugssymptome machten sich bemerkbar. Wallende Schwindelgefühle in kurzen Abständen, die bis in Hände und Füße reichten und das Gefühl vermittelten, man verliere das Gleichgewicht. Angelo machte den Besenwagen für mich und sorgte dafür, dass ich es zurück zur Klinik schaffte.

Ich fühle mich noch nicht stark. Es wird noch viele Monate dauern, bis ich wieder auf dem Damm bin. Vielleicht Jahre. Depression und Erschöpfung hinterlassen psychische Narben, genauso wie eine Operation eine Narbe hinterlässt. Welche Narben ich mit mir tragen werde, ist noch nicht absehbar. Ob ich meine frühere Kraft zurückgewinne, kann zurzeit niemand sagen. Ich bin noch nicht stark, aber stark genug, um neu anzufangen. Das Ende ist zum Anfang geworden.

27. Der eingebildete Kranke (Röntgenstraße 17)

Vor fünf Wochen bin ich aus der Rehabilitation zurückgekehrt. Ich habe mein kleines Zimmer mit unserer vertrauten Wohnung getauscht. Die größte Umstellung war der Wechsel von der Ruhe in den Lärm hinein. Hinter unserem Haus führt die Ostanflugschneise des Flughafens Zürich-Kloten durch. Dort landen abends ab 21.00 Uhr die Flugzeuge. Die machen einen furchtbaren Krach! Das Geläut von Kuhglocken war mir lieber. Es scheint mir, dass ich lärmempfindlich geworden bin.

Eigentlich sollte ich jetzt gar nicht schreiben wegen meines Schwindels. Aber ich tue es trotzdem. Ich muss nämlich meinen Frust loswerden. Hätte ich bereits einen Boxsack zu Hause, hätte ich ihn aufs Übelste malträtiert. Aber ich habe keinen, und so schreibe ich.

Der Grund ist folgender: Als ich von der Rehabilitation zurückkehrte, fühlte ich mich besser als bei meinem Eintritt. Der Schwindel war leicht zurückgegangen, so dass ich einen Arbeitsversuch wagen konnte. Nach einer Woche erlitt ich eine Schwindelattacke, und dann gleich nochmals eine. Seither ist der Schwindel so stark wie vorher. An Arbeiten ist nicht zu denken.

Ich bin wütend, nicht nur frustriert. Ich bin wütend auf «das System». Vor drei Tagen lud mich das System zu einem Termin ein. Röntgenstraße 17. Sozialversicherungsanstalt des Kantons Zürich. Abteilung Invalidenversicherung.

Wegen meiner Arbeitsunfähigkeit musste ich eine Anmeldung bei der Invalidenversicherung einschicken. Ob man eine Rente «will» oder nicht – bei lange anhaltender Arbeitsunfähigkeit mit unsicherer Prognose ist es üblich, eine Anmeldung zu Papier zu bringen. Also habe ich das in Absprache mit meinem Arbeitgeber getan.

Langes Formular mit vielen Fragen. Das war im November letzten Jahres. Mein Gesuch ist geprüft worden, und da die medizinischen Befunde nicht eindeutig waren, wurde ich zu einem psychologischen Termin geladen. Ich hatte ja keine Ahnung, dass ich mich bei diesem Termin in das System verbeißen sollte! Ich erlebe zum ersten Mal, dass es nicht für mich arbeitet. Es arbeitet gegen mich. Damit muss ich erst noch klarkommen.

Ich fand mich also vor drei Tagen an der Röntgenstraße 17 in Zürich ein. Ein Psychiater, ich will ihn Dr. No nennen, führte mich in ein kleines Zimmer. Keine Bilder an den weißen Wänden. Drei Stühle. Zwei Menschen. Ein Tisch.

Dr. No stellt mir über eine Stunde lang Fragen. Dann verkündet er mir sein Urteil: Ich sei nicht rentenberechtigt. Ich sei nämlich gesund. Mein Problem sei, dass ich Angst vor dem Schwindel hätte. Deshalb würde ich Arbeit ganz generell meiden. Ich solle unverzüglich an meine Arbeit zurückkehren und eine Psychotherapie beginnen, sonst würde ich nie gesund werden. Im Übrigen laufe nächstes Jahr meine Berechtigung, Krankentaggelder zu beziehen, aus. Dann würde ich auf dem Sozialamt landen, sofern ich nichts unternähme.

Ich versuche ihm zu erklären, dass ich sehr gerne arbeiten würde, aber der Schwindel dies zurzeit nicht zulasse. Er nickt wissend und erklärt mir, dass ich das nur meine. In Wirklichkeit sei mein Schwindel eine Somatisierung psychischer Probleme.

Ich bin also so etwas wie ein eingebildeter Kranker. Ein Fall für den Psychiater. Es gelingt mir nicht, Dr. No irgendetwas zu entgegnen. Im Nachhinein kommen mir diverse Argumente in den Sinn. Ich überlege Tag und Nacht, was ich an Argumenten und Erklärungen hätte vorbringen können. Wahrscheinlich hätte es nichts genützt.

Ich werde erst einen Tag später richtig wütend, denn erst jetzt begreife ich so richtig, was vorgefallen ist. Dr. No hat das Ei des Kolumbus gefunden. Was mein Hausarzt in über einem Jahr nicht herausgefunden hat und was in den psychologischen Gesprächen in der Klinik verborgen blieb, weiß Dr. No im Nu. In nur sechzig Minuten hat er ein Urteil über mein Leben gefällt.

Und das ohne ausreichende Unterlagen. Er wusste nicht, dass ich seit vier Monaten arbeitsunfähig bin. Der Bericht meines Arztes, den er vorliegen hatte, war acht Monate alt. Offenbar hatte sich niemand die Mühe gemacht, aktuelle Daten über mich anzufordern. Er wusste nicht, dass ich in einer Klinik war. Selbstredend besaß er auch keinen Bericht dieses Aufenthalts. Er hatte im Grunde genommen keine Ahnung von mir und meiner Geschichte.

Am selben Tag hatte ich ein längeres Telefongespräch mit meinem «Case Manager». Seine Aufgabe ist es, an den Schnittpunkten zwischen Arbeitgeber, Arbeitnehmer, Hausarzt, Klinik, Spezialisten, Krankentaggeldversicherung und Sozialversicherungsanstalt zu koordinieren.

Kaum zu glauben, wie viele Menschen und Institutionen in «meinen Fall» involviert sind.

Ich erzähle ihm vom Gespräch mit Dr. No und komme gleich nochmal auf die Welt: Er sei zwar überzeugt, dass ich kein eingebildeter Kranker sei, doch die Krankentaggeldversicherung werde sich an das Urteil von Dr. No halten und die Zahlungen einstellen, sobald der schriftliche Bericht vorliege.

Im Klartext: Mein Arbeitgeber wird keine Zahlungen von der Versicherung mehr erhalten und ich keinen Lohn mehr. Was dann? Werde ich die Kündigung bekommen?

Erst jetzt wird mir das Ausmaß des Schlamassels bewusst. Ich muss es nochmals sagen: Dr. No hat ein Urteil über mein Leben gefällt, und das ohne ausreichende Grundlagen. Das ist schlechte Arbeit! Wäre er Schreiner, hätte er ein neues Brett nehmen und nochmals von vorne beginnen können. Wäre er Bäcker, dann hätte er den Ausschuss aufessen können. Aber er ist Psychiater! Seine Meinung gleicht einem päpstlichen Urteil. Die Versicherung wird sich gerne daran halten.

Jetzt bin ich richtig wütend. Ich fühle mich ungerecht behandelt. Schlimmer noch: Ich fühle mich ohnmächtig. Ich fühle mich verloren. Eigentlich sollte ich mich nicht aufregen. Und mir keine Sorgen machen. Das ist meiner Gesundheit nicht zuträglich. Es ist mir, als stände mir ein Kampf gegen Windmühlen bevor. Ich weiß nicht, wie ich auf diesem Terrain kämpfen soll. Ich bin es nicht gewohnt und kenne die Regeln nicht. Und wer nicht nach den Regeln kämpft, wird bestraft.

Ich bin hin- und hergerissen. Einmal fällt meine Körperspannung wie Zuckerwatte zusammen. Ich fühle mich so erschöpft, dass ich nicht einmal daran denken kann, für meine Rechte zu kämpfen. Dennoch regt sich etwas in mir, das mir sagt, dass ich nicht aufgeben soll. Doch dann sehe ich ein, dass ich für den Kampf nicht gerüstet bin. Nicht nur, dass ich die Regeln nicht kenne (ich weiß zum Beispiel nicht, wie man einen ordnungsgemäßen Einspruch an die Sozialversicherungsanstalt verfasst), ich bin physisch und psychisch gar nicht in der Lage zu kämpfen. Ich kann zwar klare Gedanken fassen, und meine Gedanken arbeiten auch unablässig, aber sie ermüden mich.

Als ich heute über meine Situation nachdachte, wurde mir bewusst, dass ich jemanden brauche, der für mich kämpft. Jemand, der die Regeln kennt. Als Pfarrer war ich oft in der Situation, dass ich für jemanden kämpfte. Zum Beispiel bei Todesfällen. Die Leute waren hilflos, wie gelähmt, wenn der Tod ihr Kind oder ihren Ehepartner forderte. In solchen Situationen waren die Trauernden erleichtert, wenn ich sozusagen das Kommando übernahm und ihnen mit der Beerdigung und dem Gang zu den Behörden half.

Jetzt kann ich verstehen, wie hilflos sie sich gefühlt haben und wie froh sie für jemanden waren, der sich für sie einsetzte. Ich werde noch heute Monika anrufen. Sie ist Sozialversicherungsfachfrau. Ich werde ihr meine Lage schildern und sie bitten, sich der Sache anzunehmen.

Es hat sich also eine neue Kampffront aufgetan. Ich weiß, dass es ein langer und mühsamer Weg sein wird. Ich weiß aber auch, dass Gott mich sieht, auch wenn er in den vergangenen Monaten geschwiegen hat. Wie lange wird das noch so gehen? Wie lange werde ich kämpfen müssen? Wie lange wird meine Genesungszeit dauern? Wann greift Gott ein? Wird er das überhaupt tun?

Gott kommt spätestens rechtzeitig. Darauf vertraue ich. Jetzt erst recht!

28. Fünfzehn Jahre Lebensverlängerung (Wengen)

Monika hat zugesagt, sich für mich einzusetzen. Meine Erleichterung ist kaum in Worte zu fassen. Wenn nach meinen Ferien der schriftliche Bescheid der Sozialversicherungsanstalt vorliege, solle ich mich bei ihr melden, damit wir den Einspruch vorbereiten könnten.

Jetzt sitze ich bei schönem Bergsommerwetter auf der verglasten Veranda eines Ferienhauses in Wengen. Es ist der erste August. Schweizer Nationalfeiertag. Am Nachmittag finden Auftritte von Trachtengruppen, Alphornbläsern und Jodlern im Dorf statt. Wenn ich nicht zu müde bin, werden wir hingehen und einmal so richtig traditionell den ersten August feiern.

Über dem Wald, direkt vor dem Haus, erhebt sich majestätisch die Jungfrau. Mönch und Eiger liegen von hier aus gesehen hinter dem Lauberhorn, dort, wo jedes Jahr die berühmte Ski-Männerabfahrt stattfindet. Die Jungfrau trägt einen leuchtend weißen Schleier aus Wolken. Ihre steilen Felsen ragen in den blauen Sommerhimmel.

Vorgestern hat es bis auf zweitausend Meter herunter geschneit. Das Jungfraumassiv ist weiß überzuckert. Die Farbkontraste sind wunderbar. Unten die grünen Wiesen, oben der blaue Himmel und zwischendrin leuchtend weiße Berge.

Meine Frau und ich haben ein Chalet nur für uns beide gemietet. Es ist ein Juwel. Grund für diesen Luxus ist der Umstand, dass wir silberne Hochzeit feiern. Vor 25 Jahren haben wir geheiratet. Beim Skilaufen am Fuße von Eiger, Mönch und Jungfrau haben wir uns ineinander verliebt. Jetzt sind wir wieder hier. Viele Träume und Visionen sind in den letzten Jahren an meiner Gesundheit zerschellt. Unsere Ehe hat standgehalten.

Ich glaube, dass die Ehe wie keine andere Beziehung Einfluss auf unsere Gesundheit hat. Verheiratete Männer leben durchschnittlich fünfzehn Jahre länger als unverheiratete. Das ist statistisch erwiesen.

Warum das so ist? Weil Frauen vernünftiger und gesundheitsbewusster sind. Frauen haben fast immer Recht. Leider ist es tatsächlich so. Vor allem, wenn es um die Gesundheit geht. Frauen leben in der Regel weniger risikoreich, sie leben maßvoller und umsichtiger. Sie ernähren sich bewusster und gehen häufiger zum Arzt als Männer.

Eine Frau sagt zu ihrem Mann im Laufe der Partnerschaft sehr oft: «Du solltest wirklich zum Arzt gehen.» Umgekehrt geschieht es selten.

Richtige Männer können sich durchbeißen. Die gehen nicht wegen jeder Magenverstimmung zum Arzt. Sie schlucken Tabletten (wenn überhaupt) und machen weiter. Es ist Fürsorge, welche die Frau dazu bringt, die magischen Worte «Du solltest zum Arzt gehen» zu sagen – der Mann hingegen fühlt sich kontrolliert.

So schlimm ist es natürlich nicht. Aber im Grunde läuft es so. Meine Frau predigt mir seit Jahren, ich sollte weniger arbeiten, einen Ausgleich zu meinen kopflastigen Tätigkeiten suchen und ausreichend Sport treiben. Und ich weiß, dass sie Recht hat.

Wie Recht sie all die Jahre hatte, wird mir erst bewusst, seit ich krank bin. Und wirklich bewusst ist es mir erst, seit ich in der Klinik war.

Ich bin zu beneiden. Seit 25 Jahren bin ich glücklich verheiratet. Meine Psychologin sagte, nicht viele der Patienten in der Klinik hätten das, was ich habe. Ich bin wirklich gesegnet.

Es gibt Patienten, die Besuch von ihrem Ehepartner erhalten und die Besuchszeit dann schweigend hinter sich bringen, bis es Zeit ist zu gehen. Er starrt über den Bierbauch auf die Flasche vor sich. Sie trinkt Minztee. Er blättert in der Zeitung und flucht über die Jugend, die sich volllaufen lasse. Sie antwortet nicht.

So eines schönen Nachmittags auf der Terrasse der Klinik geschehen. Es war ein elender Anblick.

Würde ich eine solche Beziehung führen oder wäre ich nicht verheiratet, würde ich wahrscheinlich nicht mehr leben. Ich hätte mich buchstäblich zu Tode gearbeitet. Wenn ich danach gefragt werde, was ich am liebsten mache, dann erzähle ich von meiner Schreibleidenschaft. Ohne dass ich mir Gedanken mache, sage ich jeweils, ich könnte schreiben, bis ich tot umfalle. Wie wahr!

Wäre es in meinem Leben «irgendwie» weitergegangen und nicht zum Klinikaufenthalt gekommen, wäre ich vielleicht eines Tages tatsächlich tot vom Bürostuhl gefallen. Oder hätte in den Ferien einen Herzinfarkt erlitten.

Danke, meine liebe Frau, für deine Liebe, deine Treue und deine Unterstützung! Du hast mit mir gehofft. Du hast mit mir gelitten. Du hast mit mir geweint. Du bist mit mir zu den Untersuchungen ins Krankenhaus gegangen. Du hast mir das Frühstück ans Bett gebracht, als ich nicht mehr aufstehen konnte. Du hast stets an meine Berufung geglaubt. Du hast meine Manuskripte korrigiert. Du hast mich während meiner Rehabilitation jedes Wochenende besucht. Du hast mich jeden Abend angerufen. Du hast dich über jeden kleinen Fortschritt gefreut. Du hast in guten und in bösen Tagen Wort gehalten.

Mit dir gehe ich zuversichtlich in ein neues Leben.

Weil die Versicherungsleistungen bald auf null sinken und ich noch nicht arbeitsfähig bin, hast du einen zweiten Job angenommen. Lehrerin für musikalische Grundschule und Assistentin Human Ressources. Klingt gut.

Ich werde Hausmann und Schriftsteller. Klingt auch gut.

Teil IV
Heute

Pflichtbewusst bin ich immer noch. Süßigkeiten aus der Bäckerei stehen weiterhin zuoberst in meiner Gunst. Und trotzdem bin ich «ein Anderer» geworden. Und versuche mich neu zu definieren zwischen nachhaltiger Erschütterung und großer Dankbarkeit.

29.
Bilanz ziehen
(Neuordnung)

Beinahe zwei Jahre sind seit meinem Austritt aus der Klinik vergangen. Um es gleich vorwegzunehmen: Ich habe mir mein Leben nach dem Burnout einfacher vorgestellt.

Heute ist der 31. Dezember. Ein geeigneter Tag, um Bilanz zu ziehen. Wir sind zu Elisabeths Vater ins Berner Oberland gefahren, um ein paar ruhige Tage zu genießen. Heute Morgen habe ich im Zimmerofen Feuer gemacht. Jetzt sitze ich in der warmen Stube und blicke durch das Fenster dem dichten Schneetreiben draußen zu. In einer halben Stunde werde ich in die Küche hinuntergehen und mir einen Latte macchiato machen. Meine kleine Genussinsel.

Wie es mir heute geht? Ich stelle fest, dass ich «anders» geworden bin. Ich bin immer noch pflichtbewusst, und ich liebe Backwaren wie zuvor. Aber ich empfinde anders, reagiere anders. Ich kann nicht einmal sagen, wie genau. Dem muss ich erst noch auf die Spur kommen. Ich mache dieselbe Erfahrung wie andere vor mir: Man ist nach dem Burnout nicht mehr dieselbe Person wie vorher.

Meine Psychologin in der Klinik bereitete mich darauf vor, indem sie sagte, die Neuordnung nach dem Burnout werde viel Zeit beanspruchen. Es sei nicht wünschenswert, der Gleiche zu bleiben wie vorher, denn jeder

Mensch sei noch so viel mehr als das, was er von sich selbst kenne.

Der Gedanke gefällt mir. Er macht mir Mut, zu mir selbst zu kommen.

Ich realisiere erst seit einigen Monaten so richtig, wie einschneidend es für einen Mann ist, seinen Job zu verlieren. Mit ihm habe ich einen Teil meiner Identität verloren. Es ist eine eiternde Wunde, die nur ganz langsam abheilt. Meine Gesundheit ist so ruiniert, dass ich nicht mehr als Pfarrer tätig sein kann.

Unsere Gemeinde hat einen neuen Hirten, und er macht einen fantastischen Job. Meine Frau und ich haben uns entschieden, in unserer Gemeinde zu bleiben. Hier sind unsere Freunde, und ab und an predige ich wieder. Das verschafft uns ein Stück Normalität.

Trotzdem empfinde ich meine Ich-weiß-nicht-wer-ich-bin-Rolle als schwierig. Unsere Gemeinde kommt mir wie ein vorbeibrausender Schnellzug vor. Ich stehe auf dem Bahnsteig und schaue den roten Lichtern hinterher. Für die Zukunft wünsche ich mir, wieder in der Leitung unserer Gemeinde mitzuarbeiten. Ob ich mit solchen Gedanken an der Vergangenheit festhalte oder ob dies Teil von Gottes Plan für mich ist – das ist mir heute noch nicht klar.

Wie steht es um meine Gesundheit, um die sich in den letzten Jahren alles in immer größerem Tempo gedreht hat? Ich fühle mich schon besser als bei meinem Klinikaustritt, aber es geht nur sehr langsam aufwärts. Immer noch fühle ich mich erschöpft, kämpfe mit Schwindel und leide unter Konzentrationsstörungen.

Mein Lebenstempo hat sich auf Zeitlupe reduziert. Mein Körper fordert unerbittlich zurück, was ich ihm lange verweigerte: Ruhe und Entspannung. Was ich in der Klinik über ein ausgeglichenes Leben gelernt habe, versuche ich umzusetzen. Ich treibe regelmäßig Sport, und ich kann mich besser entspannen als früher. Wenn ich einen guten Tag erwische, gerate ich schon mal wieder in einen Arbeitsflow. Dann stoppt mich mein Schwindel, und ich werde mir bewusst: Ich bin immer noch gefährdet.

Mein Dasein als Hausmann gefällt mir ganz gut. Ich habe gelernt, termingerecht zu kochen, den Einkauf zu machen, zu waschen und zu putzen. Ein Jahr nach meinem Klinikaufenthalt habe ich meine Tätigkeit als theologischer Dozent wieder aufgenommen. Ich predige dann und wann in verschiedenen Gemeinden oder halte als nunmehr selbständiger Dozent und Referent Vorträge. Dazwischen erlaube ich mir in zurückhaltender Dosierung, Texte und Manuskripte zu schreiben. Ich koche noch auf kleiner Flamme – und das bewusst. Mit der Arbeit kehrt allmählich die Freude am Leben zurück.

Und wie steht es um meinen Glauben? Vielleicht habe ich mir diese Frage bis zum Schluss aufgehoben, weil es die schwierigste ist. Ich wünschte, ich könnte sagen, dass ich durch meine Lebenskrise im Glauben stärker geworden bin. Aber das kann ich nicht. Es hat keinen Wert, die Sache schönzureden. Ich bin in den zurückliegenden zwei Jahren erschüttert worden, auch in meinem Glauben. Ich bin dankbar, dass ich ihn nicht verloren habe, und ich weiß, dass Gott die ganze Zeit da war.

Langsam beginnt mein Herz zu glauben, dass diese Phase meines Lebens nicht umsonst war. Es gibt Tage, an denen ich spüre, dass Gott aus den Bruchstücken meines Lebens etwas Schönes und Wertvolles machen wird. Und diese Tage werden immer mehr.

Hinweis und Dank

Die Namen von Personen, aus deren Leben ich persönliche Dinge niedergeschrieben habe, habe ich verändert oder Ereignisse so verfremdet, dass die Privatsphäre geschützt bleibt.

Die in diesem Buch geäußerten medizinischen Ausführungen sind von den Fachreferaten der Ärzte der Klinik Gais angeregt, stellen aber keine offizielle Position der Klinik Gais dar.

Mein herzlicher Dank gilt:

- Meiner Psychologin während meines Klinikaufenthaltes, Frau Nina Kuhn, für die Durchsicht des Manuskripts und ihre wertvollen und tiefgründigen Hinweise.
- Meiner Frau Elisabeth Hardmeier und unserer Freundin Corinne Meier, die sich die Mühe machten, die vielen Korrekturen in den Computer einzutippen.
- Dr. med. Jens Nackenhorst für die prüfende Durchsicht des Manuskripts und seine wertvollen medizinischen Anregungen.
- Herrn Christian Meyer vom Brunnen Verlag Basel für die begeisterte Zusammenarbeit in der Entstehung dieses Buches.